往事並不如煙 續篇

章詒和 · 著

時報出版

目次

自序

父母離世後，往日的生活情景在腦海裡，如波濤一般洶湧而來，日復一日，無法阻止。待安靜下來，我想該拿起筆寫點什麼了。

寫什麼呢？想來想去，決定寫父輩的故事，哪怕是點滴瑣事。這樣，就有了二〇〇四年出版的《往事並不如煙》，書內寫了史良、羅隆基、儲安平、張伯駒、聶紺弩、康同璧等六人。沒想到這本講老故事的「往事」在受到讀者歡迎的同時，遭到官方查禁。好在東方不亮西方亮，何況還有「網」。壓制催生動力，接著，我又寫了翦伯贊、千家駒、李文宜等人。於是，有了二〇〇九年出版的《這樣事和誰細講》。

不是我能寫，是章伯鈞朋友多！在這本「往事」續篇裡，我又寫了沈雁冰、沈鈞儒、左舜生、葉恭綽、洪深、柳亞子等人。他們有愛有恨，有為有守，隨個人的稟性而異，但都是父親相交幾十年的老友。趙丹例外，是因偶然機會看到他在「文革」中的全部交代材料。

上個世紀四十年代，國共兩黨發生激烈衝突。社會上層人士出於愛國熱誠，也為調節兩黨衝突，結成了國共兩黨以外的第三勢力，要走國共兩黨以外的中間道路。其實他們也在分化。比如，沈鈞儒徹底向「左」轉；左舜生則頑強地堅持中間立場，退出民盟，定居香港。而從北洋活到紅色政權的葉恭綽則保持著文人底色，死前唯一的請求是希望自己能葬在孫中山的墓旁。

一九四九年後，這些人被統稱為「民主人士」，不是封了官，就是打了下去，或者先封官再打下去。毛澤東在一九五六年的一次黨內會議上亮出底牌，說：對於資本家加上跟他們有聯繫的民主人士和知識分子需要「剝奪他們的政治資本，使他們無話可講。剝的方法，一個是出錢買，一個是給安排，給他們事做。這樣，政治資本就不在他們手裡，而在我們手裡。我們要把他們的政治資本剝奪乾淨，沒有剝乾淨的還要剝」。留在大陸的知識分子滿心以為未來的道路通向天堂，大家邁著歡快的步伐，一齊走進了地獄。希望而來，絕望而去，原來人家許諾的民主、自由和幸福原本就不存在。

多少年過去，我們在亂世中感受自我，擁有了足夠的苦難和足夠的損失。苦難和損失都值得珍惜，珍惜的方法就是記住它！父輩在激流中默然逝去，無聲無息。而後代又當如何？我不會再為理想做事，只想用後半生寫前半生，用平常的語言敘述不平常的往事。

聽秋風不悲，看冬雪不嘆。原本看來是微不足道的小事，落到筆下才發現它們都關乎世道人心。當然，還有一些易於感覺而難於說明的，那就只好讓它隨風而去。

鵝黃嫩葉，入夏便老。我老了，所幸還能寫兩行字，讀幾頁書。

北京守愚齋

寫於二〇二一年盛夏

往事並不如煙

續篇

受不了的心理
受得了的現實

——沈雁冰的故事

1920 年代在商務印書館的沈雁冰
（照片自百度）

人生節點

一八九六　生於浙江桐鄉烏鎮　本名沈德鴻
一九〇六　喪父
一九一三　北大預科就讀
一九一六　就職於商務編譯所
一九二一　加入中共　後脫黨
一九四九　任文化部部長
一九八一　臨終兩件心事

一九四九年九月，開國人事任命，大陸紅色政權公布了中央人民政府各部部長名單。父親（章伯鈞）是交通部部長；我熟悉的黃炎培、馬敘倫、李德全等都被任命為部長；我喜歡的史阿姨（史良）是司法部長。另一個黨外人士沈雁冰，筆名茅盾，成為文化部部長。他和父親同為中央人民政府委員。二人還都是在一九二七年「大革命」失敗後脫黨（中共）。也就是說，他們曾經對革命懷疑過、動搖過。當上部長，對沈雁冰等黨外人士來說是高興的，也不感到意外。感到意外的是張元濟，他再三邀請昔日的實習生、《小說月報》主編南下，回到「商務」，萬不料就在張先生離京後的兩天，沈雁冰一躍而為部長了。

應該說，把沈雁冰豎立為文學藝術界的領袖人物，不是從一九四九年開始，而是在抗戰的重慶。一九四五年的陪都，在周恩來授意下，搞過一場「沈雁冰五十壽誕和創作生活二十五年紀念慶祝大會」。事先《新華日報》就發社論，副刊是整版的壽辭。慶祝大會於六月二十日舉行，與會者高達六百人。其中，有國民黨宣傳部部長張道藩，美國新聞處竇愛士，蘇聯大使館一祕費德林，父親也去了。身著灰色長袍的沈雁冰自己也沒料到，「站臺」的人一邊是沈鈞儒，一邊是柳亞子。王若飛代表中共講話，稱頌他是中國文化界的光榮，是中國知識分子的光榮，是中國人民的光榮。這個慶祝會，奠定了他是繼魯迅、郭沫若之後的第三把手。

沈雁冰擔任中央文化部長是有資格的。一九二七年脫黨後，暫離政治圈子。一九二八年，寫出小說三部曲《蝕》；之後是《虹》；一九三一年，寫出《子夜》，被瞿秋白譽為「中國第一部寫實主義的成功長篇小說」；一九三二年七月，發表〈林家鋪子〉，十一月發表〈春蠶〉；一九四一年，寫下長篇小說《霜葉紅似二月花》。這些作品是他的文學成就，也是他的政治本錢。說到政治方面，沈雁冰絕對是個人物，非一般「革命老幹部」可比：他是中國共產黨成立後的第一批黨員；與中共高官關係密切，和陳雲一同參加「商務」的罷工；毛澤東任國民黨中央宣傳部代理部長，做過他的祕書。沈雁冰又是有人緣的，對人溫和，也無傲氣。不像郭沫若善於逢迎，也不像胡風過於倔強。中共武裝奪取政權，社會重新洗牌，有的人要上，有的人要下，沈雁冰屬於「上」，不是他要「上」，是有人要他「上」。

《子夜》書影，1943 年。

下面，是研究沈雁冰不可放過的重要「橋段」，場景生動，對話精彩，堪稱經典——

一九四九年九月的一天，沈雁冰由周恩來陪同，被毛澤東在中南海頤年堂召見，召見的原因是請他出任中央文化部部長。他不願意。於是，衍生出一段戲劇性場景。劇中人：周恩來、毛澤東、沈雁冰。

周恩來：（客氣地）中央人民政府在人事安排過程中遇到一些困難，所以請你來商量。

毛澤東：（開門見山）恩來對我講了，你不願意當文化部長，他勸不動你，只好來搬我這個救兵了，你先說說不願當文化部長的理由。

沈雁冰：（局促地）我不會做官，擔不起這樣重的擔子。另外，還有幾部長篇小說尚待完成。（說著，將準備好的創作計畫遞給毛澤東。）

毛澤東：（饒有興趣地）好呀，這個計畫很不錯呀！恩來，你看怎麼辦？

周恩來：（以他慣有的眼神）是否能找到一個兩全其美的辦法，既當了文化部長，又不影響創作？

毛澤東：（馬上接話頭）我看可以這麼辦。雁冰兄，你剛才講的是你的小道理，現在我來講我的大道理。全國剛剛解放，百廢待興，文化是有關意識形態的一個方面。所以文化部長也很重要，現在想當文化部長的人不少，但我們偏偏選中了你，因為我們相信你。

沈雁冰：（略作思考）郭老可以當文化部長呀，請他可以。

毛澤東：（成竹在胸地）郭老是可以，但是他已經兼任了兩個職務，再要兼文化部長，別人的意見就更多了。至於不會做官，我和恩來也不會做官，大家都在學做官，這也是革命的需要嘛。（略停頓）為了使你做官和當作家兩不誤，給你配備一個得力助手，實際工作由他做。你就有時間寫你的小說了。

沈雁冰：（詞窮）這……好吧。感謝……請……（官場客套語）（注一）

山光水光，演的就是江湖量。沈雁冰在晚年回憶中，這樣寫道：「當時實未料到全國解放的日子來得這樣快，也未料到解放以後我會當上文化部長。」（注二）

一九四九年十一月二日，他「上崗」了，畢竟是一個素有政治情結的人。再說，在文化發展以及文學創作方面，人家也是有些想法的。可是過了沒多久，就和章伯鈞一樣，發現自己有職無權，不過是「掛個名」。沈雁冰的位置或許比章伯鈞還要艱難一些。上有周揚監督指導的中宣部，同僚（或下屬）個個享有盛名，精通政治也精通業務。如藝術局局長的張光年，戲改局局長的田漢，文物局局長的鄭振鐸，電影局局長的夏衍，外聯局副局長的洪深，部黨組書記錢俊瑞，以及劉白羽、林默涵（他們中的很多人是「周揚派」），層層疊疊，左左右右，他幹什麼？怎麼幹？難怪沈雁冰兩度辭職，原因既有不能專心搞創作，也有對「掛名」的不滿和工作上的諸多被動。

例一。也許是出於「商務」本行，他上任之初，中央文化部組織專家搞了一個翻譯西方文學名著的書目。哪怕一張書單，身為部長也無權「拍板」，要上報審批，最後審到周恩來手裡，不承想得到的是批評。周恩來一點沒客氣，嚴肅指出：「這個目錄並沒有按照毛主席的文藝思想辦，甚至有些部分是違反毛主席的介紹外國文藝的方針的。這個方案是照樣搬弄歐洲資產階級學者的『名著』的標準來選目的。」沈雁冰後來回憶這件事，說：「感到極舒服，極痛快，感到眼睛明亮些了。」但同時又說：「有毛骨悚然之感。」（注三）舒服痛快與毛骨悚然，哪個為真？哪個是假？如果二者有真也有假，那他自會感到尷尬。

例二。沈雁冰兼任《人民文學》主編，這個大型刊物當時是所謂新中國文學的「國刊」，起著引領方向的作用。對此，沈雁冰是知道的，所以每期送他簽發，都逐一審閱，達到「事無巨細」的程度。他力求符合中共意識形態的要求，但問題還是發生了，第一卷裡就有〈讓生活變得更美好罷〉、〈改造〉等文。這幾篇先後遭到《人民日報》的批判，刊物做了檢討和自我批判。沈雁冰以為過關了，不想問題又來了：《人民文學》發表的〈我們夫妻之間〉、〈關連長〉等作品因為被改編為電影，又遭批判。接著是人員被調離，共有嚴辰、秦兆陽等六人之多，致使一九五二年三月號脫刊。他作為主編，恐怕不只是「尷尬」了。

例三。沈雁冰還是大型期刊《譯文》的主編，最初幾期也因為脫離方向而受到胡喬木的口頭和書面批評。他所管轄的《文藝報》也因為怠慢兩個小人物李希凡、藍翎而身陷被動，主編馮雪峰檢查，沈雁冰也有責任。

例四。一九五〇年二月，他的《腐蝕》由黃佐臨拍成電影。編劇柯靈，主演丹尼、石揮，作曲黃貽鈞，陣容頗為可觀。《腐蝕》是沈雁冰在抗戰時期（一九四一年）寫下的一部長篇小說，主人公女特務趙惠明以日記體形式，記述了自己複雜的生活經歷和時時處在情感與理智相互矛盾的心理狀態。這是一部佳片，全國公演，十分轟動。父親等老友見到他，都向其祝賀，沈雁冰心裡非常高興！年底，情不自禁撰稿，寫出〈由衷的感謝〉一文。除了感謝影片製作方，更主要的是回答了為何要寫特務題材小說。父親公務繁忙，終日開會，想看卻不得空閒，還對我說：「沈雁冰寫女人最拿手。別看郭沫若風

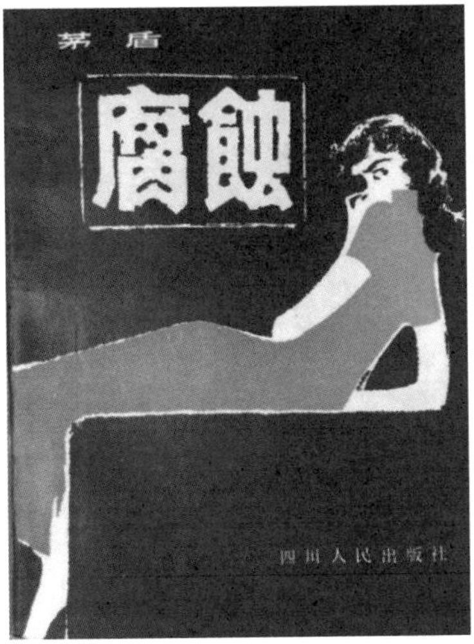

《腐蝕》書影

流，寫女人不行。」

父親還沒來得及看，影片突然停演！文化部長寫的東西也禁啦，為啥？而且停演的時間，就在沈雁冰剛剛寫完「由衷感謝」之後，那叫「當頭一棒」，這讓文化部長很難堪！據柯靈透露：上面認為「特務應該憎恨的，《腐蝕》的女主角卻讓人同情……這是一個危險的立場問題」。（注四）沈雁冰沉默了，也只能沉默。那內心呢？還是用柯靈的話來說：「他始終未置一詞，若無其事……我不信他心裡沒有任何想法。」（注五）

此後的沈雁冰已然「知己知彼」，懂點「行情」了。曾經的絢麗之色和理想之光，只能是一個越來越遠的欲望。在主編《茅盾選集》（開明版）時，他有意捨棄《腐蝕》、《蝕》三部曲，挑的是〈春蠶〉、〈林家鋪子〉。即使如此，也沒能躲過讀者的批評。他檢點自己，否定舊作，力圖通過新的寫作跟上新時代，遺憾的是他沒有老舍那樣的社會生活積累，無法達到選材的民間性與革命意識形態的和諧統一。有趣的現象是在一九四九年後，馳騁文壇的幾乎都來自解放區，原來聲望很高的作家（大多來自國統區）驟然失去了活力。

根據相關規定：派駐到家的警衛祕書是定期輪換的。沈雁冰的祕書後來輪換到我家，父親問這位姓王的祕書：「他還寫東西嗎？」

王祕書答：「寫呀，老寫。寫完就收起來，誰也不讓看。」

父親猜了半天，也猜不出他會寫什麼。沈雁冰大概不會像曹禺那樣，寫出一個高高興興出塞的《王昭君》。後來，聽說在續寫《霜葉紅似二月花》。再後來，又聽說他把一些手稿處理掉了。閱歷曲折、內心豐富的沈雁冰也曾反芻過往人生，將其提煉成文。可是到他去世，我們也沒見到一部沉實厚重的回憶錄，多遺憾！拘謹的現實與舒展的精神的糾纏，從來都伴隨著中國文人跌宕起伏的命運，是順風而飛？還是逆水而行？再偉大的作家也有常人的脆弱。沈雁冰的人生後期狀態，不禁讓我聯想起織布的梭子。「文革」中，我曾在四川省第四監獄勞改，那是一座麻紡廠，我是擋車工。凌晨，排隊進了車間，面對一架架織布機，電鈕一按，手柄一扳，那梭子（紡錘）就左右穿梭起來。這是不是有點像一九四九年後沈雁冰，穿梭在官員與作家之間，躊躇於理想與現實兩端。

沈雁冰思想傾向始終右傾，但始終不是右派。他從容處世，謹言慎行，遇事大多採取順從，把思想見地和真實看法掩藏於心，掩藏的部分囊括了半輩子積攢下來的情感、學識與信條。這並非沈雁冰所獨有，這是中國人——從農民到工人、從知識分子到各級幹部，在一路顛簸、頭破血流之後所積累的寶貴經驗。如此行事，也就是一般人說的順勢或圓滑。而問題在於：人是有血有肉有頭腦的，有意掩藏的東西哪怕再少，非但越積越多，而且遇到一點機會、一點縫隙、一個合適的場合，它就會流露出來，或是無意識流露、或是有意識表達。人啊，總有難以克制的一刻！

一九五七年五月，是大陸知識分子的早春天氣。中共開展整風運動，請黨外人士提意見。章伯鈞在中央統戰部座談會上發言，說：「在非黨人士擔任領導的地方，實際是黨組決定一切。」羅隆基發言認為，「三反」、「肅反」搞錯的人太多，要求單獨成立「平反委員會」。張奚若用「好大喜功，急功近利，鄙視既往，迷信未來」十六字，尖銳批評中共。儲安平在人大會議上，說出：「黨天下！」在這個很適宜知識分子吐露心聲的情況下，沈雁冰在五月十五日的發言即有所應和。他說自己在政府任職，平日忙於「三會」（會議，宴會，晚會），甚至自嘲地說：「從前（我）也有個專業，現在呢？又是人民團體的掛名負責人，又是官，有時人家仍然把我看作一個自由職業者（作家），我自己也不知道究竟算什麼。在作家協會看來，我是掛名的，成天忙於別事，不務正業（寫作）；在文化部看來，我也只掛個名，成天忙於別事，不務正業。」（注六）就這個豔陽天，他還在給邵荃麟的一封信裡直言，一般黨員是「只有兩隻手，兩條腿，兩隻耳朵，一張嘴巴，而沒有腦子」；「個人崇拜，在文學批評工作上也是很嚴重的」；「所有這一切都表示我們的壞作風是：膚淺、浮躁、一窩蜂起鬨，盲目崇拜權威，只看是什麼人說的話，不分析說話的內容有多少真理」。（注七）這個發言由《人民日報》完整刊出，又被很多地方報紙轉載。

一九六二年四月，《人民文學》刊出沈雁冰紀念《延安文藝座談會講話》發表二十周年講話文章。原稿中有他關於文學創作對「講話」的不恭字眼，還不止一處。如說「生吞活剝」、「轟轟烈烈，空空洞洞」等。同年，在作家協會大連創作會議上，沈雁冰用插話的方式攻擊中共的農村政策，說：「粗碗也不夠」，「買個雞毛撣子不容易，因為搞風箱去了」（注八）等，這些講話顯然都發生在他「難以克制」的一刻。

事情到了一九六四年，毛澤東寫了兩個批示，嚴厲批評文藝界。中央文化部、文聯所屬各協會聽了傳達，個個心驚。階級鬥爭的風浪襲來，做官的沈雁冰似乎沒有捲入，上面也沒有要求他表態。但也就在這個時候，一份〈關於茅盾的材料〉已經暗中寫就，長達萬字，且發送相關機構及人員。「材料」出自中國作家協會黨組，而那時的沈雁冰正擔任著中國作家協會主席，這不是給人背後一刀嗎？還是一個堂堂執政黨幹的。不可思議吧！？其實，人家早在延安時期就這麼幹了，拿王實味開刀，一篇雜文〈野白合花〉，一句「衣分三色、食分五等」，從思想批判下手，繼而關在地窖四年整，最後要了人家性命。自那時起直到今天，對知識分子的整治侵害就成為革命意識形態的主要組成部分。在封建社會，考不上科舉是辱，到了社會主義，知識分子本身就是惡，視之為敵。「材料」匯集了沈雁冰在文學創作方面的所有「罪狀」，通篇沒給說他一句好話。開篇就劈頭蓋臉地數落：「全國解放以來，文藝界把茅盾作為偶像崇拜，近年來更成為評論作品的權威，影響極大。在學習毛主席批示後，在這次檢查工作中，我們才發現，十五年來，他所寫的大量文章，一直在頑強系統地宣揚資產階級文藝思想。這些文章一篇篇孤立看，有時很容易被他迷惑，但綜合起來看，則問題十分嚴重，特別是近幾年來，更露骨地暴露出他反動的資產階級世界觀。在文藝的許多根本問題上，與當前的路線、方針、政策針鋒相對……」（注九）在這裡，我真的要罵一句：王八蛋！

「文革」前夕，中國文人已匍匐在地，殘喘於呵斥之下。一九六六年四月七日，中宣部副部長林默涵在作協創作座談會上，在對文藝隊伍作階級分析時，更是明確地把沈雁冰排在資產階級一邊。他說：「五四以來有一種資產階級自然主義（如左拉的作品），這是沒有什麼理想的，而且喜歡寫點色情的東西。茅盾就是受這種自然主義的影響。」又說：「大革命失敗後，有兩種人：一種人，在毛主席領導下，擦乾身上的血跡，拿起武器上山打游擊；另一種人，對現實生活感到厭倦，退下來搞文化。《幻滅》、《動搖》茅盾三部曲就是在這種情況下產生的。」（注十）我和林默涵女兒是中學同學，曾同住一個宿舍。去過她家好多次，在與林默涵的交談中，我以為他是中共幹部裡比較有文化的，也懂藝術。他曾經對我說：「我們的高等藝術院校，只有中央美術學院、中央音樂學院還算拿得出手。」我吃驚於他的坦誠。林默涵把知識分子分成兩類：一類拿起武器去戰鬥，一類厭倦現實，退下來搞文化。這種簡單粗暴的劃分，令我震驚！這是一個極度欣賞劉詩昆、殷承宗的人說的話嗎？政權更迭引來淺薄的政治分野和深刻的精神衝突，從古至今皆如此。一九四九年前後，是政權更替轉換的重要時刻。有人去臺灣，有人去美國，留在大陸的人有各種原因。如陳寅恪，他從思想上沒打算進入紅色中國；錢鍾書以轉換專業的方式轉入新政權；沈雁冰則採取了順勢而為。順勢的結果，就是只能這樣了。

研究沈雁冰的人在撰寫的文章裡，記錄了他在生活中的某些表現。如「一九五九年七月，因鋼絲床墊沒有修好，從廬山專門寫信給祕書，以極其惡劣的投訴進行漫罵」。（注十二）又如「一九六一年，他在百貨大樓買暖水瓶，因售貨員稍微『慢待』了他，就開口罵人混蛋」。（注十二）再如「同年六月某一天，他要機關事務管理局賣給他按月供應的蘋果，進行聯繫，水果賣完。他又大發脾氣，罵人混蛋」。（注十三）——撰寫者認為沈雁冰「言行如此失控，對於個人涵養一向較高的茅盾來說實屬反常」。（注十四）他的這些表現反常嗎？依我看，也不反常。一個人處處順從自己並不滿意的現實，從事自己並不滿意的工作，時時壓抑和掩蓋內心的真實想法及情緒。時間久了，誰也熬不住：大處無從表達，小處則一定會藉故宣洩或無端發火，俗話不是還有個「無名火三千丈」嘛。他是人，與涵養無關。

沈雁冰與秦德君

沈雁冰中等身材，瘦瘦的，有點小鬍子。衣著整潔，舉止文雅，一派斯文，講一口上海話。在臺灣期刊《傳記文學》裡有一篇陳紀瀅的回憶文章（注十五），記述一九三九年在杜重遠的帶動下，他去新疆擔任新疆學院教授兼《新疆日報》主編的情況。陳紀瀅說沈雁冰在新疆常撰文，也常講話，要命的是在一旁聽的人十有九聽不懂，包括盛督辦。盛世才和他談話，還得找人當翻譯。在沈雁冰和張仲實影響下，二十五歲的趙丹和幾個朋友也興沖沖地去了。誰知世事無常，風雲突變，盛世才以「陰謀煽動罪」拘捕杜重遠，把沈雁冰、張仲實也「限制」起來。二人苦思良策，直到一九四〇年張仲實獲家信，要求他回家為伯母辦喪。茅盾也接到上海電報，言母病逝。二人遂以奔喪為由，向盛世才請假並允諾事後仍返疆。即使如此，盛督辦還是一再拖延，中途反悔。後經周恩來指示，由毛澤民等人安排，又有鄒韜奮、沈鈞儒、郭沫若數十人說項，才把沈、張放出。二人離開迪化，先抵延安，後回重慶。有人說這件事極大程度影響了沈雁冰，很快成為左翼文人。知名度、影響力都差一些的趙丹等人就沒有那麼幸運了，在新疆監獄足足關了五年，直到蔣介石把盛世才調離，才逃出魔掌。

我還要講一講有關沈雁冰的感情生活。有人撰文批評他自私的生活態度，最能說明問題的就是對待秦德君女士一事。圈子裡的人，大多知道沈雁冰與秦德君在日本的婚外情。身為男人，沈雁冰應該有勇氣直面與擔當，但他一直諱莫如深。一九四九年後，有了地位的沈雁冰參加第一屆中國人民政治協商會議，居然把面對面的秦德君視為「陌路」。一九五一年，秦德君申請恢復中共黨籍，組織部門找沈雁冰核實情況，他只說了一句：「當時她的思想是進步的。」（注十六）事情傳開，老朋友無不搖頭嘆息，沒想到有才氣的沈雁冰如此冰冷無情。

革命生涯總有一部分與情愛的交纏有關。這裡，我要講的是另一個女人叫范志超（我稱范阿姨），一九〇六年生於松江。她才華卓著，相貌姣好，齊白石晚年曾繪牡丹圖相贈，題款是「蓮花心地、雪藕聰明」。范志超勇於接受新思潮，社會活動能力強，與柳亞子、徐悲鴻、瞿秋白、邵力子、黃琪翔、向警予等人均有往來，積極投身民國時期的婦女解放運動，一度是國民黨中央黨部海外部《海外周刊》負責人。活動能力、氣質與美麗傾倒了一些社會活動家。瞿景白就追求她。瞿秋白對小弟開玩笑說：「在你沒有把塌鼻子修好以前，還是不要急著追求她。」後來，她與蔣碧薇三弟蔣丹麟熱戀。一九三一年夏，范志超從海外歸來的一個晚上，夢到蔣丹麟穿著西服來道別，這使她有種不祥的預感！果不出所料，蔣丹麟在江西廬山牯嶺因患肺炎去世！范志超幾十年不忘戀情，她在白色的床單上用紅絲線繡了一個大大的「念」字，四周繡了一圈心，圍成一個花圈，每夜就躺在「花圈」上。

千里紅塵路，都來會舊朋新主。一九四九年精英雲集京城，好不熱鬧。四月七日，學者宋雲彬午餐時碰到二十年前在武漢結識的范志超，驚嘆她美貌依舊，在當天日記裡寫道：「午餐時見范志超，風姿不減當年。」（注十七）五十年代初，毛澤東探訪住在頤和園別墅的柳亞子，意外見到范志超。得知她在中央美院教英語，不久即給柳亞子寫信，希望她也教教自己的女兒。這個細節是范阿姨親口講的，柳亞子的文集裡也有所記載。范志超的優雅脫俗也吸引著沈雁冰，曾在「自傳」裡多次寫到她，尤其是兩個人在一九二七年八月從南昌搭乘日本輪船沿江而下，同在一間房艙，無話不談的情形。「自傳」的最後一頁、最後一句是沈雁冰的呼喚：「范志超，你在哪裡？」無限的慨嘆與深情……

上個世紀八十年代，范志超每次從外地來京，都會在我家和彭澤民夫人家中輪流小住。一次她來京，提出去八寶山革命公墓祭奠我的父親。她、母親和我三人同行。恰巧章伯鈞的骨灰與沈雁冰的，存放於一室。母親說：「志超，我們也去看看沈雁冰吧。」

「不！」語氣低沉而決絕，臉上無任何表情。

結果，母親和我在沈雁冰骨灰前默哀，我獻上一枝白菊。

范志超回到南方後，給母親來信。說：「他是個壞人。」

這封信我一直保留著。母親當然知道，范志超說的「壞」是什麼意思。

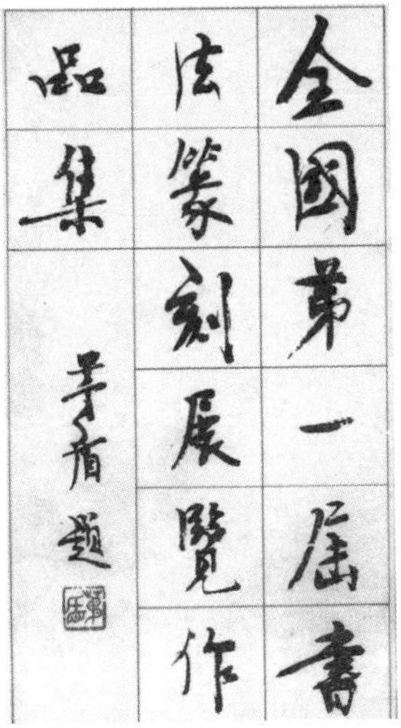

沈雁冰的字，漂亮，工整，清淡出塵且蘊涵富貴之氣，遠超當下知名書法家。頗值一提的是，他於一九五八年發表的一篇文學批評文章〈談最近的短篇小說〉，約九千字，手稿在二〇一四年由南京一家拍賣行經四十四手較量，終以人民幣一千兩百零七萬拍出，創中國當代文學作品手稿拍賣最高價。由於家屬出面干預，最後未能成交，還引來一場官司。但是沈雁冰「顏公氣韻、瘦金骨架」的書法，已名聞天下。如今全國各大拍賣行，年年都有茅

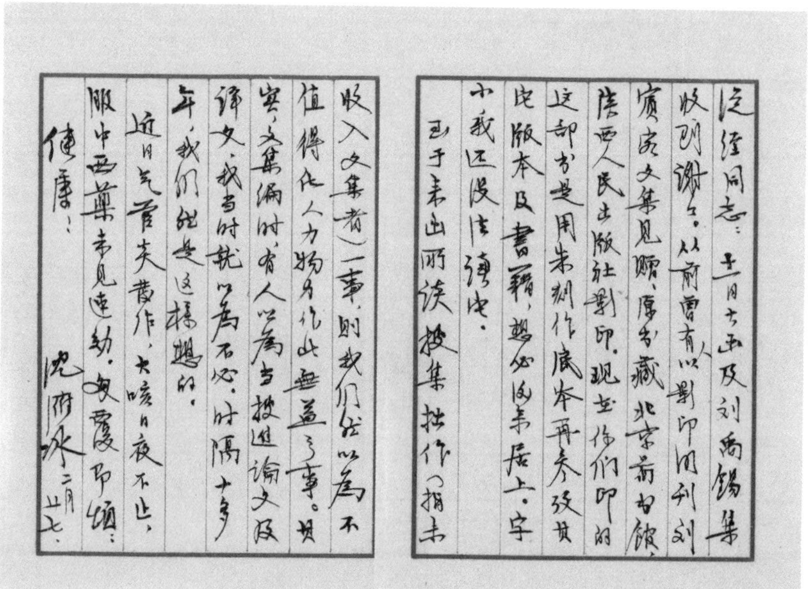
[illegible]同志：十二月十六函及刘禹锡集收到，谢谢。从前曾有人以影印明刊刘宾客文集见赠，原书藏北京图书馆。陕西人民出版社影印。现在你们印的这部书是用朱刻作底本再参考其他版本及书籍，想必后来居上。字小我还没法读完。至于来函所谈搜集拙作（指未收入文集者）一事，则我们以为不值得化人力物力作此无益之事。其实，文集编时，有人以为当搜进论文及译文，我当时就以为不必。时隔十多年，我们仍是这样想的。

近日气管炎发作，大咳日夜不止，服中西药未见速效。匆覆，即颂
健康！

沈雁冰 二月廿七。

沈雁冰信札，寄梅堂收藏。

茅盾與讀者，圖片自《茅盾畫冊》。

盾書法的拍品。嘉德拍賣行的朋友說，其成交率都在八成以上。沈雁冰的文學作品如今少有提及，字比書賣得好。其實，他的文學批評類文章寫得非常好，涉及到許多文學評論的基本規則。可惜文章裡提及的文學作品如今已基本淘汰。文本都沒了，還有啥「批評」？

一九六〇年，父親觀賞彭俐儂主演的湘劇《拜月記》，與沈雁冰在劇場相逢。兩人緊緊握手。沈雁冰非常高興，主動問父親身體如何，且語重心長道：「伯鈞，我們都是看戲的。」

為什麼沈雁冰會說這句話？陳紀瀅曾這樣講：沈雁冰儘管是左派作家，但中共對他採取的是不即不離的態度。而要維持來之不易的盛名，就要對中共治下的種種要求適應自如，乃至忍氣吞聲。

一九八一年三月，沈雁冰患病住院。想到來日無多，遂向兒子交代兩件事：一是入黨，一是捐款設立文學獎金。

「脫黨」二字，我不陌生，因為章伯鈞就脫黨了，在一九二七年。那是一個大動盪的年代，在年輕的革命者當中，人事與行蹤的改變真是太多、太多。黨內，黨外，反對派，托派等等，各種角色或長或短地幹上一陣子，如浮萍之轉。也是那個時期，以瞿秋白為首的中共在史達林直接命令下實行盲動政策，結果很慘。後來中共換了領導人，迎來的卻是更大規模的盲動，結局自然更慘。父親改弦易張，跟定鄧演達搞第三黨。有人勸他「重新登記」，他說：「好馬不吃回頭草。」我不知道章伯鈞是不是匹「好馬」，最後的結果是右派，到死也是右派。

沈雁冰就不同了，「脫黨」後的幾十年間，始終惦記恢復中共黨籍——

一九三一年，要求恢復黨籍，這是第一次；

一九四〇年，要求恢復黨籍，這是第二次；

一九四九年後，據說曾表達多次；

臨終前是最後一次。

顯而易見，要求恢復中共黨籍是沈雁冰的「心結」。既為「心結」，就沒有必要為其剖析動因了，我只是覺得這與讀書人夢寐以求的生活境界離得很遠、很遠。在他心底是如何培植出永不動搖的追求來？是否和父親在鄧演達遇害後對第三黨人說的「要像寡婦守節一樣」守住鄧演達的精神一樣，沈雁冰也是「要像寡婦守節一樣」，矢志守住共產黨。

冬春交替之際，他的病情趨重，窗帷終日半掩的病房光線柔和、暗淡，恰好遮蔽著患者孱弱的軀體。人時昏時醒。不斷地揪被子，嘴裡嘀咕的是「稿紙，稿紙」。或自語道：「筆，鋼筆……筆呢！」表現出對文字的千般惦念和對寫作的極度焦渴。他沒能完成回憶錄和續寫《霜葉紅似二月花》，只能抱憾終身。我很理解，父輩中的很多人都是這樣走的！沈雁冰的底色還是文人，政治風雲、仕途生涯，自覺不自覺地消褪這個「底色」。臨到人生盡頭，再想退回去，晚了。生死之間存在著一條界限，把兩個世界分開，同時又有可能把兩個世界聯繫在一起。江山多變幻，目力有長短。按說沈雁冰是應該懂的。

微塵弱草，日月難逾。沈雁冰於三月二十七日晨，因心力衰竭離世。享年八十六歲。去世後第四天，中共中央決定恢復他的黨籍，從一九二一年算起。鄧小平主持大會堂的追悼會，遺體上覆蓋著黨旗。鄧小平鄭重而沉痛宣布：「中國文壇隕落一顆巨星。」有存款二十五萬，捐作每年獎勵優秀的長篇小說。

怎麼說呢，沈雁冰的經歷、性格、處世、做派和後來文化高官的角色，決定了他行為上的「順勢」。內心是平靜的、苦悶的，平靜的苦悶。用他自己的話來形容：「我在上海生活慣了，坐馬桶這一套，改不過來，下到農村要蹲坑，又不習慣，受不了。」

受不了的心理，受得了的現實，這就是沈雁冰，一九四九年後的沈雁冰。

北京守愚齋

二〇一九年春夏　二〇二一年修改

（以上照片未注明出處者來自百度）

注釋

注一：韋韜、陳小曼，《我的父親茅盾》，瀋陽：遼寧人民出版社，二〇〇四，頁五一—五二。

注二：茅盾，《我走過的道路．附錄》（下），北京：人民文學出版社，一九九七，頁六三四。

注三：〈敬愛的周恩來給予我的教誨的片斷回憶〉，《茅盾全集》第二十七卷，北京：人民文學出版社，一九九六，頁二〇三。

注四：〈心嚮往之——悼念茅盾同志〉，《上海文學》，一九八一年第六期。

注五：同上。

注六：沈雁冰，〈我的看法〉發言稿，見於一九五七年五月十五日《人民日報》。

注七：陳徒手，《矛盾中的茅盾》，《讀書》，二〇一五年第一期。

注八：同上。

注九：一九六四年八月二十八日作協黨組〈關於茅盾的材料〉，摘自陳徒手，〈矛盾中的茅盾〉，《讀書》，二〇一五年第一期。

注十：陳徒手，〈矛盾中的茅盾〉，《讀書》，二〇一五年第一期。

注十一：同上。

注十二：同上。

注十三：同上。

注十四：同上。

注十五：陳紀瀅，〈記茅盾〉（上中下），《傳記文學》，一九八一年第六期、第七期、第八期。

注十六：秦德君、劉淮，《火鳳凰》，北京：中央編譯出版社，一九九九，頁八四。

注十七：《宋雲彬日記》下冊，北京：中華書局，二〇一六，頁六〇。

向左

——沈鈞儒的故事

晚年沈鈞儒（圖片由蘇州檔案館提供）

人生節點

一八七五　嘉興府秀水縣人　曾祖為進士、知府
祖父任知府　父親任知縣

一九〇四　參加會試　殿試二甲第七十八名

一九〇五　留學日本

一九二八　掛牌執行律師

一九三六　七君子事件

長期擔任救國會、中國民主同盟領導人

上個世紀五十年初，家裡來了個老人，個子不高，頭髮稀疏，胸前鬍子一把。父親稱他：沈衡老。

我跟在後面，叫道：「沈伯伯。」

父親轉身，矯正：「叫沈爺爺。」

這樣，在父親的朋友裡，有兩個人是要叫爺爺的，一個是彭澤民，一個就是他──沈鈞儒。每次到我家，沈鈞儒總是坐客廳沙發，喝兩口清茶，把要說的事情講完，起身離去。不像史良、羅隆基，還要閒扯一陣。

走後，母親問：「什麼事？」

父親說：「還不是救國會那些人的事。」

吃午飯，我對父親說：「今天來的這個沈衡老，也是民盟的頭兒吧？」

父親放下筷子，豎起大拇指，道：「進士。」好像怕我沒聽清楚，又重複一遍：「進士！」

在民盟中央，無論政治傾向上的左與右，大家對沈鈞儒都是敬重的，這其中相當一部分因素，來自他的出身。

沈鈞儒，字秉甫，號衡山，浙江嘉興府秀水縣人（今嘉興市）。曾祖父沈濂，清道光進士，曾任鎮江、江寧、徐州等地知府。祖父沈瑋寶，蘇州知府。他們均被誥贈朝儀大夫，翰林院編修。其父沈翰是個知縣。說這個書香門第，講那個官宦世家，他算得「實打實」的書香門第，官宦世家。

沈鈞儒一八七五年一月二日生（同治十三年），五歲入私塾，接受極為系統、完整的中國傳統文化教育。一九〇三年中舉人，一九〇四年，二十九歲的他參加甲辰恩科會試，殿試二甲第七十八名。一九〇五年清朝廢科舉，所以，沈鈞儒成為中國「一千年來，科舉取士最後一批進士」。難怪父親常嘆道：「人家是進士啊，進士！」

少年時代

沈鈞儒第二個背景是留學。日本自一八六八年學習西方，實行明治維新後，迅速強盛起來。一八九四年中日戰爭，勝中國。一九〇四年日俄戰爭，勝沙俄。那時很多人覺得與其學歐美，不如學日本。留日比留歐美更便捷，路近，文同，費省，這是明擺著的。於是，留日成為熱潮，沈鈞儒也投身其中。他和當時許多知識分子一樣的看法，覺得日本之所以強盛，是變法致強，中

在日本留學

國要強盛，就要學人家的立憲政治。一九〇五年沈鈞儒辭去京官，去當留學生，進的是東京私立法政大學速成科。學制僅有一年半，他非常用功。日本學者平野義太郎在《中國人留學日本》一書中這樣寫道：「雖然是短期，但其成績卻是意外的良好，比三年制的正科更為優異。」說這話，還真不是奉承。

在日本，培養了沈鈞儒的政治熱情，這種熱情由始至終貫穿了他的一生。一心想救國的他，很快投身救國運動。那時，針對中國問題的認識和解決辦法，分成兩派，一是孫中山為首的革命派，主張革命推翻朝廷；一派是以康有為、梁啟超為代表的改良派（也就是保皇黨），主張君主立憲。沈鈞儒和兩派都往來，他過從較密的，既有浙江革命黨人章太炎、陶成章、徐錫麟，也有主張君主立憲的楊度、熊範輿、雷光宇。兩者之間，他選擇了君主立憲，和楊度走到一起。沈鈞儒和當時的立憲派人士一樣，既有保守性，又有進取心。在保守中進取，在進取中求保守。這是他的二重心理狀態。這個雙重性也貫穿了他的大半生，後期才有所變化。

說到人生歷程：前期打官司，後期救國會（及民盟）——不知我這樣概括沈鈞儒是否合適？律師業務是其主要職業。一九二八年八月，當時的（兼代）司法部長蔡元培批准了他的訂正甄拔律師申請，從此在上海掛牌執行律師職務。沈鈞儒常常不顧自己的收入，寧願做兩造的和事佬，拿出很多精力為人家排解紛爭，不到和解無望，不願雙方對簿公堂。沈鈞儒有一副俠義心腸，當判斷出誰是誰非時，他就會支持「是的」那一方，寫狀，出庭，如果是窮人，自己還會拿出錢來。他的做派，達到無可挑剔。

救國會是另一項職業。沈鈞儒認為政治實質不外乎兩種，一為法治，一為人治。「歐美式政治精神在法治，中國政治精神在人治。」他決心為在中國結束人治而努力，當然，這是他人生前期的決心。自一九〇七年始，沈鈞儒從事立憲救國運動，主張聯省自治救國，認為省立憲自治是擺脫軍人專制統治的唯一有效途徑。一九二四年，他和褚輔成參加浙江省自治會議，擔任省自治法起草委員會委員，特別重視省憲運動。「九一八」事變是其重要轉捩點，開始從事救國會的發起和建立。如一九三一年的浙江國難救國會、上海各界救國會，一九三二年的中國民權保障同盟，一九三五年的中國冤獄賠償運動委員會等。沈鈞儒年齡大，品性正，很快成為上海各界團體救國聯合會負責人，「一二・九」後成立的上海文化界救國會，他已然被視為領袖。沈鈞儒之所作所為，內含人道主義因素和對獨裁統治的反抗。當然，最重要的推動力還是抗日救國，幾乎是忘我般地投入，也不以此為苦，儘管幾遭殺身之禍，屢受打擊，但不絕望。

巨大且徹底的變化，發生在他接觸到中共那一刻！他認定：從中國共產黨身上看到了光明和希望！此後亦步亦趨，把幾十年的人生心甘情願地消耗在與中共密切配合的政治活動中。至於法治嘛，已不再重要。

救國會的命脈，繫於它與中共的關係。馮雪峰於一九三六年四月受中共中央派遣到上海，即以中共黨員的公開身分和救國會領導人直接聯繫。緊接著，由潘漢年與胡愈之——二人屬於中共特科單線領導——介入，潘漢年讓胡愈之「全權」開展救國會的工作，他甚至明確地說：「以後你只管救國會的事，別的不要管……」而且，潘漢年還有意識地把胡愈之的救國會會員的身分公開出去。

對救國會下的功夫走向成熟，毛澤東覺得火候差不多了，便拿出一副「知疼知熱」的情懷。八月盛夏，把一封熱情的信投向沈鈞儒等人，表達出誠摯的敬意，同意救國會的宣言、綱領和要求，又誠懇地表示願意合作。毛澤東最後一句話這樣寫來：「我們誠意地願意在全國聯合救國會的綱領上加入簽名。」沈鈞儒大喜，更是折服！其實對潘漢年、馮雪峰、胡愈之等人的來歷及做派，沈鈞儒心裡是清楚的，也高興他們這樣！因為他懂得：這些人的背後是個「黨」，這個黨有實力，有軍隊。他和救國會從中可以獲得具體而有效的支持，而作為領袖人物，沈鈞儒實在是太需要了。

歷史的經驗告訴我們：中共一旦打入某組織，某組織的成色、力道自會不同，救國會就是這樣。這一年的夏季，以救國會名義發起的活動明顯增加。值得大書一筆的，當然是魯迅的喪葬活動。這一年的十月十九日清晨五時二十五分，文學家魯迅病逝。馮雪峰獲悉後，立即轉告潘漢年；潘漢年立即報告中共中央。經研究決定：魯迅的喪禮由救國會出面辦理，要求通過這個葬禮發動一次民眾的政治性示威。這就是說——魯迅的葬禮不僅僅是安葬一個作家，而是要實現中共的潛伏與救國會公開性的有效整合，成為一個「複合體」。這樣，即可大大地體現出中共策劃嚴密的組織性和救國會的文化影響力。

沈鈞儒書「民族魂」，上海魯迅紀念館。

潘漢年首先聯繫到宋慶齡，且獲得認可。宋慶齡是誰？國母呀。有了這一步棋，就等於成功了一半。接著，擬定周到的喪禮方案：確立購買墓地；確定按「國葬」規格辦理；遺體安放於萬國殯儀館，民眾瞻仰三天；發動救國會以及民眾送輓聯；棺木上覆蓋黑絲絨輓幛，上面鑲嵌沈鈞儒手書「民族魂」三個大字。此外，草擬起靈者名單、扶棺者名單、外國友人名單等等。這一切，均由沈鈞儒主持召集的「各界救國聯合會理事會」會議逐一研究，爾後定下。細密又宏大。

十二月二十二日，魯迅葬禮舉行。送葬隊伍以「民族魂」大旗為引導，隊伍多達五、六千人。走在隊伍前面的有宋慶齡、蔡元培、王造時、章乃器、胡愈之、史良、李公樸、鄒韜奮、鄭振鐸、王統照、葉紹鈞、陳子展、夏丏尊、徐調孚、沈茲九、鄭君平、郁達夫、吳似鴻、蔡楚生、鄭君里、藍蘋、周劍雲、應雲衛、歐陽予倩、袁牧之、陳波兒、趙丹、內山完造、池田幸子等等。了得，個個是角兒！這既說明魯迅的巨大影響力，又體現出救國會著重於社會上層與文化名人的組織傾向。一代人豪，天荒地老。送葬隊伍沿途唱著輓歌和〈義勇軍進行曲〉、〈打回老家去〉等歌曲。一路高喊「魯迅先生精神不死！」、「打倒日本帝國主義！」、「中華民族解放萬歲！」口號，散發「魯迅先生事略」、「紀念魯迅先生要繼續魯迅先生救亡主張」傳單。到達墓地後，先由蔡元培演講，後有沈鈞儒報告魯迅生平。下葬時，由他獻旗覆於靈柩之上。葬禮由始至終隆重肅穆，恢弘有序，將中共與救國會結合而產生的社會功能與政治效用發揮到極致，沈鈞儒本人則儼然領袖。安葬魯迅，讓他真真切切、扎扎實實認識到中共能量的非同小可，由此而越發堅定與之合作的決心、信心。

沈鈞儒的身體非常好！抗戰時期，住在重慶的他每晨到林森路律師事務所，要走上幾里路。中午步行回家吃飯。下午又步行出門。重慶是山城，年逾古稀的他上下十八梯（一百八十級），從不坐轎。這得益於他生活有規律和堅持鍛煉，黎明起身，完成固定的健身運動，主要是太極拳。有時候客人來得太早，他便用微笑表達歉意，打完了才打招呼，他的作息時間是雷打不動的。記得一年的夏季，父親帶著我去頤和園玩，說順便看看住在那裡的沈鈞儒。電話約好是下午兩點。父親特意提前到達。他的祕書說：「章先生請坐，老人在午休。」我們一直等到他醒來，絕不提前分秒。

至於沈鈞儒的生活作風，那可是挑不出什麼毛病來。我翻閱沈鈞儒年譜及傳記，發現有許多段落是寫他如何與家人在一起的，或者是接待探訪的朋友。夫人在民國二十二年（一九三三年）去世，服侍和陪伴他的是女兒沈譜。沈譜嫁了范長江，范郎大大地有名：先入國民黨，後入共產黨；先入中央政治學校，後入北京大學。一九三五年因遠赴西北考察和公開報導紅軍長征，而成為中國新聞界標誌性人物。沈鈞儒對這門婚事，自然十分滿意。一九四〇年十二月十日二人舉行婚禮，地點就在陪都重慶良莊（即沈宅）。沈鈞儒支持女兒、女婿破除舊式婚禮的陳規陋習，宣布不舉行任何形式的儀式，不備酒，不設宴，僅以茶點待客，又特別聲明：「來賀者無時間限制。」這一下，好了！從早到晚，沈家上下忙個不迭。各黨各派，各路人馬，各類親朋，紛至沓來，有人攜酒，有人奉茶，有的西裝，有的長衫，大家都來給沈老道喜，更多的是借此聚會暢談一番。沈鈞儒特意準備了結婚紀念冊，首頁是他親書四首五言詩，以志歡愉和勉勵。周恩來當然親臨婚禮，代表中共前來賀喜，並寫下「同心同德」四字祝詞。老人平素不怎麼喝酒，這一天不但喝了，還喝醉了。當晚輩沈鏌登門道喜，沈鈞儒握著親侄兒的手，不禁淚下。深夜時分，賓客散盡，他一夕興奮不寐。

他喜歡和子女（或朋友）生活在一起。當范長江在解放區患了重病，沈小姐才離開了父親。已故夫人死後留下兩件心愛之物。一件是精緻小木梳，沈鈞儒用來梳理鬍鬚。美髯是蓄養的，也是護理出來的。另一個物件是自來水筆，終日隨身。在抗戰的重慶，一日，有位林先生登門拜訪，談話間發現沈鈞儒神色焦慮，原來正為自來水筆的失落而不安。林先生斷言是被剛才探訪的同鄉青年偷走。沈鈞儒不願聲張，說只等那青年再次探訪時，會用暗示的方法表示今後會更多地幫助他，價值要超過那支水筆。那青年果然又來了，承認是他偷的，把水筆送了回來。幾天後，沈鈞儒去探訪那青年的家，看到的是一個窮困落魄中掙扎的家庭，他傾囊相助。這件小事很快由那位林先生寫下並發表出來。（注一）

民國文人大多都有些嗜好，如父親喜歡古籍，章乃器喜歡青銅，千家駒喜歡古錢幣，沈鈞儒的嗜好是化石和甲骨。誰要送他一塊有年頭的「石頭」，他能笑得合不攏嘴。在他的書房、客廳、書櫃、案頭擺著各種石頭，大大小小，形態各異。你若第一次去沈宅做客，他會像個孩子誇耀玩具一樣，向你講述石頭的來歷和價值。上個世紀五十年代，父親去他家談工作，帶回一塊很大的水晶石，有棱有角，光彩奪目。我太喜歡了，常跑到父親的書房，不是用手摩挲不止，就是揣到懷裡不肯放下。見我這樣地喜歡，父親就把它擺到我的書桌上，說：「你可以天天看它，就是不要動。」這塊石頭一直陪著我，直到文革抄家。

成就沈鈞儒盛名的，是救國會「七君子」事件。

自一九三五年始，隨著抗日救國運動興起，救國會組織在不斷地發展，其宣言主旨由「抗日救國」擴大到停止內戰，要求言論出版自由，建立民族統一戰線。這與中共的號召相應和，與國民黨的「安內攘外」國策相對立，自然深受當局關注。救國會看起來組織龐

左起：王造時、史良、章乃器、沈鈞儒、沙千里、李公樸、鄒韜奮。
（照片自百度）

大鬆散，但宣傳與活動能量極大。國民黨政府認定這一切與中共的組織、煽動有關，於是對救國會的活動採取查禁、取締、鎮壓手段。救國會領導人知名度高，影響力也大，官府便決定採取「先禮後兵」。比如蔣介石在全國各界救國聯合會成立之前，曾以軍事委員會委員長之尊約見沈鈞儒、章乃器、李公樸去南京面談。蔣氏要求救國會應以國家為重，不能被任何黨派所利用。談話結束後，委員長還與三人共進西式午餐。無奈人家不領情，依然故我。

一九三六年十一月間，上海、青島的日資紗廠罷工，救國會負責人組織了罷工後援會。日本出動海軍陸戰隊在日資紗廠戒備，並向國民黨政府施壓，形勢一下子緊張起來。在這個背景下，當局有了逮捕救國會主要負責人的打算和決定。一九三六年二月二十日，國民政府頒布《維護治安緊急法令》，強調政府以維持國家秩序為首務。頒布此令的目的就是針對蓄意危害社會國家的人，使動亂在將要發生之時，得以迅速依法處理。而決定逮捕「七君子」的導火線，就是上海紗廠的罷工事件。一份國民黨上海黨部會議取締上海救國會的「辦法」裡寫明：以「禁止《大眾生活》發行和查封《生活書店》」處置鄒韜奮；以「停止法學院」處置沈鈞儒；以「查封量才補習學校及圖書館」處置李公樸；同時「密令緝捕反動首要王造時」。十一月二十三日凌晨兩點半，沈鈞儒、王造時、沙千里、李公樸四人在英美公共租界，由國民政府上海市公安局會同公共租界巡捕房的中、西捕探，在各人住宅予以逮捕。同樣，二十三日凌晨兩點半，鄒韜奮、章乃器、史良在法租界，亦由國民政府上海市公安局會同公共租界巡捕房的中、西捕探，在各人住宅予以逮捕。六男一女，故稱「七君子」，他們都是救國會負責人或重要成員。

一夜風雲起，「七君子」和救國會頓時成為全社會的政治焦點和頭號新聞。要知道，這七人都不是等閒之輩，也非失意政客，三個知名律師、一個銀行家、一個教授、一個出版家、一個社會教育家（李公樸）。他們都受過良好教育，長期參與政治活動與社會事務，屬於精英階層。所以「七君子」案，從拘捕、羈押、偵訊直至審理的整個過程，無不舉國矚目。在江蘇高等法院檢察署的起訴書中，對七個人一共起訴了「十大罪狀」，歸結起來，無非兩項：一、有共黨嫌疑；二、危害國民，企圖推翻政府。面對這樣的指控，沈鈞儒等矢口否認；中共方面積極撇清；群眾輿論也是憤憤不平。

沈鈞儒是一九三七年六月十一日下午二時開庭被審的第一人，有些問答，還是精彩，不妨摘錄幾句看來：

問：你贊成共產主義嗎？

答：救國會從不談主義。如有主義就是抗日主義、救國主義。

問：抗日救國是共產黨的口號。

答：共產黨吃飯，我們也吃飯。我們就不能抗日嗎？

問：共產黨一面主張抗日，一面又主張土地革命，你知道嗎？

答：這問共產黨，我不知道。

問：救國會有共產黨否？

答：我們無從知道，因為我們是問抗不抗日的。

問：你知道你們是被共產黨利用麼？

答：假使共產黨利用我抗日，我願被他們利用；且不論誰都可以利用我抗日，我都甘願被他們為抗日利用。

問：組織救國會是共產黨指使的嗎？

答：剛剛相反，我們組織救國會，正是為了國內不安，要叫共產黨，大家都來一起抗日……

兵來將擋，水來土掩，沈鈞儒體現出律師的當行本色。

七君子被捕，社會反應極為強烈：遭捕第二天，北平大學生、文化界、教育界紛紛致電國民政府，要求立即開釋；國民黨地方實力派蔣光鼐、蔡廷鍇發電國府主席，懇請立即釋放；桂系李宗仁、白崇禧也去電南京，懇請立即釋放；張東蓀、梁實秋等八十四位知名教授、學者、作家向國府行政院呼籲，對這七位愛國人士「敬請即日完全開釋」；西北張學良得悉救國會負責人被捕，隻身駕駛軍用飛機直往洛陽，面見正在部署軍事剿共的蔣介石，請其改變「先安內再攘外」政策，並釋放他們；國民黨內的上層人士，如馮玉祥、于右任、孫科、李烈鈞等為營救七人，在南京發動了簽名運動；七君子被捕後的第三天，馮玉祥在南京接到孫科交來宋慶齡的請託營救函件。在中共方面，西安事變中提出的「八項主張」中第三項，即要求釋放上海被捕領袖。一九三七年四月十二日，在江蘇高等法院檢察處正式對沈鈞儒等提起公訴後，中共中央發表宣言，要求無條件開釋「七君子」。毛澤東本人已然電告潘漢年赴南京談判。開庭後，中共上海地下黨發起了以救援沈鈞儒等人為目的的「救國入獄運動」，胡愈之委託一個叫徐雪寒的人，在環龍路臨時租用一個公寓房子，專門做聯繫和推動之用。

人抓了，也關了。若問「七君子」獄中是何光景？今天的我們大概想它不出，腦子裡塞滿白公館、渣滓洞對付政治犯使用的種種酷刑。好在有檔案可查——最初，他們是可以會見訪客的，「由於訪問者非常多，以至於客廳常告客滿，天天好像舉行什麼盛會似的」。（注二）七人公推沈鈞儒為「家長」，大半消磨在餐室裡，沈鈞儒則繼續打他的太極拳。一個姓王的工役為其做雜務：掃地，洗碗，開飯，預備熱水和開水——以上情形，見於鄒韜奮《經歷》一書中的描述。王造時說：「在這裡，物質方面的享受，實在比我在家裡好得多，可以說是回國七年以來所沒有享受過的舒適生活。」（注三）史良對前來探視的堂妹是這樣講的：「我太舒服了，謝謝當局仁慈。他們非常同情我的，總盡其可能地在精神的刑罰之外不受到物質的缺陷，我是多麼不敢當呀，去領受這份關切和愛護……」（注四）總之，

沈鈞儒與王炳南、王安娜在蘇州看守所，1936年。

他們過得很好，哪裡是「虎狼相交」？

案子拖得久，官府感到了被動。七月三十一日，國民政府終於下令讓沈鈞儒等交保獲釋，他們總共在蘇州監獄關押了七個月零二十七天。一九三九年二月，「七君子」案正式撤訴。

天風已落下，太平人歸來，光榮出獄！當沈鈞儒領頭走出看守所大門，久立在烈日下等候的二百多人瞬間沸騰了。他們熱烈鼓掌，高呼抗日救國口號，軍樂聲、歡呼聲、爆竹聲和歌聲交織在一起，場面熱烈。七個人感動得個個落淚，沈鈞儒對記者當場發表了即興講話——你想成為英雄嗎？那就一定要去坐牢。

「七君子」了不起，這是共識，幾十

年來無異議。據我所知，唯有劉清揚女士藉著批評史良，不無譏諷地說道：「七君子雖坐過監獄，也並沒有什麼了不起。」（注五）問題要害不在此，而是在於對「七君子」事件一九四九年後的大陸出現了這樣的論調，即非常強調和肯定中共與救國會的密切關係。一些中共黨史論著和上海地下黨成員索性寫明，救國會的成立與活動是由中共策動的，而且救國會領導人也應和此說。比如史良撰文寫道：「當時席捲全國的愛國救亡運動，是在中國共產黨的偉大號召和積極推動下發展起來的，救國會則是這一運動的直接產物。」（注六）沙千里也說：「在中國共產黨的影響、推動和領導下，在千百萬民眾抗日救亡運動的高潮中，上海各方面的救國會先後建立，在此基礎上成立了上海各界救國聯合會。」（注七）這就令人費解，也怪了——因為這個論述，恰好坐實了國民政府當年對救國會的指控。歷史竟如此弔詭！

一九三九，這一年對中國「第三勢力」很重要，幾個中間黨派的參政員張瀾、黃炎培、沈鈞儒、梁漱溟、章伯鈞、羅隆基及青年黨、民社黨的負責人左舜生等人，在十一月二十三日發起組織了「統一建國同志會」。一九四〇年，鑑於國民黨與共產黨摩擦不斷，為調停雙方關係，更是為了聯絡各方面的民主力量，他們擬在「統一建國同志會」基礎上，籌建「中國民主政團同盟」。

時間來到一九四一年。新年剛過，蔣介石以國民政府軍事委員會名義通令解散新四軍，製造了「皖南事變」。沈鈞儒又得悉蔣介石將逮捕救國會領導人和重要成員。他立即與鄒韜奮同訪黃炎培，再訪董必武，交換對「皖南事變」的態度。周恩來亦與沈鈞儒、黃炎培、左舜生、章伯鈞、張君勱等人士會晤。政治形勢趨於複雜化。三月，國民參政會即將召開。中共方面因「新四軍」問題拒不出席，蔣介石表示：中共參政員如不參加，將根本決裂。當此之際，中間人士多次密謀，力圖建立一個第三者性質的政治團體。當月十八日，大家一致決定把「統一建國同志會」改組為「中國民主政團同盟」（即中國民主同盟前身）。沈鈞儒原為創意人，但張君勱、左舜生認為他與中共關係太深、過密，如遇一些事情，沈鈞儒不可能對中共保密，二人表示不同意讓他參加。沈鈞儒得知張、左二人持反對意見後，畢竟有些氣度，發表聲明：支援這一組織成立和主張，在行動上願與其配合一致；但堅決反對一部分走中間路線和第三條道路的人。這後一句話，顯然暗指張君勱和左舜生。一年後，沈鈞儒與救國會同時進入民盟。由三黨三派組成的中國民主同盟歷史比較短暫，和當時幾個政黨比較起來卻是非常活躍。有人分析原因，認為主要有二：一、它是在野黨派的聯合組織，在野各黨派的領袖人物都為它張目；二、它算得共產黨的一個外圍組織，許多場合都為共產黨說話，且與中共互相標榜，故民盟的翅膀很快硬起來。

一九四三年十二月二十一日（陰曆十一月二十五）適逢沈鈞儒（虛）七十大壽。重慶的百齡餐廳，文化界、教育界、思想界、法學界、婦女界，國民黨官員、中共負責人與各黨派人士，四百嘉賓，聚集一堂。這個祝壽茶會盛況空前，也是民盟強大陣容和吸附力的一個展示。壽星端坐於中，左手是鮮特生，右手于右任。于右任、邵力子、左舜生、郭沫若、董必武、陶百川、陶行知等人先後講話，郭沫若寫下「今之伊尹」四字橫幅，祝願他「起碼再活三十年」。遠在桂林的柳亞子也賦詩祝賀。會上，大家一致讚揚沈鈞儒所提出的「抗日、團結、民主」三大主張。老壽星則把當月出版的《中魚集》送給每一位來賓。滿懷喜悅的他在答謝辭中表示：「從今以後，想做幾件事以答謝朋友們對我的鼓勵和期望。第一，促成早日施行憲政，第二要掃除文盲，第三……最後一件事就是普及法律知識。」這些話發自肺腑，在場的人也都十分感動。會上，表演了文藝節目，一起吃了壽麵，還引吭高歌〈義勇軍進行曲〉。

進入民盟後，沈鈞儒的政治傾向性越發分明，也格外強烈。抗戰勝利後，國共調停失敗，沈鈞儒就此對孫曉村說了一段話：「調停失敗，責任完全在國民黨，蔣介石背信棄義，那就無法談下去了。在奔走調停中，我發現中共說話算數，說到一定做到，他們是真正為人民，為了國家。還有一點，中共不僅方針正確，主張正確，論個人人品，他們每一個人都品質高尚，作風正派。」（注八）這個談話很快成為他「擁共」的經典獨白而廣泛流傳。在重慶，沈鈞儒經常一個人或與鄒韜奮、柳湜同去周（恩來）公館。用自己的話來說，就是「與中國共產黨在感情上愈益密切……很多工作常與共產黨朋友商量」。（注九）父親在民盟也是左派，在盟務方面多支持沈鈞儒，但在「擁共」方面，與之相比還是差了「成色」。

薩空了、沈鈞儒、章伯鈞在民盟會議上。（*LIFE*）

一九四五年八月二十八日，毛澤東飛赴重慶與蔣介石「和談」。聽到這個消息，他「快活的像個青年」。二十七日晚，他「就一直興奮得不休息」。二十八日，不顧烈日，早早地等候九龍坡機場。毛澤東剛下飛機，即被中外記者包圍。沈鈞儒身材矮小，年邁體弱，無法靠近毛澤東。他急得不停地喊道：「我是沈鈞儒，請讓一下。」這才得以走到毛澤東身邊，二人握手。

活水源頭來，蓮花步步開。此後的沈鈞儒更上一層樓，從「擁共」發展到「入共」，即要求參加中共。早在一九三九年，他就對周恩來當面提出申請。周恩來沒答應，解釋說：「先生現在是民主黨派負責人，不參加作用更大，對工作更好。」（注十）應該講，沈鈞儒要求入黨發自內心，強烈且真誠。

一個人向「左」，還好說。要命的是一個黨派（民盟）也向「左」，典型事例就是民盟一屆三中全會。

一九四八年一月五日至十九日，民盟一屆三中全會在香港舉行。這是國民黨宣布民盟「非法」後，沈鈞儒、章伯鈞等祕密抵達香港，恢復民盟活動後召開的全會。會上通過了一個政治報告，發表了一個宣言。「宣言」和「政治報告」重點是批判「中間路線」。沈鈞儒在會上的談話代表了民盟，旗幟鮮明地說：「過去所標榜的中間路線，現已走不通。除參加革命或反革命，即無路可走。」他又明確提出民盟與中共攜手合作，「積極的支援以人民的武裝反對反革命的武裝。反對美國對華政策和推翻它所支持的南京政府的政治路線」。閉幕會上則進一步把民盟的政治主張歸納為「反美，反蔣，反封建」三項政治主張。全會對民盟總部領導機制做了調整，由沈鈞儒、章伯鈞以民盟中常委的名義負責全盟的工作；祕書處主任由周新民（中共）代理；章伯鈞擔任組織委員會主任，實際由副主任李相符（中共）負責；宣傳委員會主任是救國會的沈志遠；國外關係委員會主任由薩空了（中共）代理；會議設立「總部駐滬執行部」，以指導國內若干地區工作，由辛志超（中共）

負責。看到這裡，你也就明白：這種人事調整一方面實現了中共的組織滲透，另一方面，保證了民盟在政治上徹底拋棄了中間路線。

民盟是國共之間一個中立的政團，獨立乃民盟立黨之核心價值所在。三中全會以後，沒有「獨立」了，也不「中立」了。此後的中國民主同盟，走向「一邊倒」。應該說，這是沈鈞儒和救國會進入民盟後，對民盟歷史性轉變的「重大貢獻」。在這裡，有必要就三中全會多說幾句。這個會到底是怎麼召開的？一些有政治敏感的民盟老成員認為有跡象表明它是由中共一手策劃。（注十二）梁漱溟、周鯨文也是這樣的一個斷定。到達香港的章伯鈞雖然支持沈鈞儒，其實也是另有打算，他心裡裝著第三黨，而第三黨與救國會矛盾甚深。況且沈、章二人，各自對形勢看法也不相同：沈鈞儒認為中共必勝，一心「擁共」；章伯鈞覺得國民黨、共產黨誰也贏不了誰，這正好為第三勢力提供了游弋的空間。沈鈞儒全力維護中共；章伯鈞對中共保留著看法，全力維護的是第三黨，強調第三黨是個獨立組織。

在此期間，民盟另有一些負責人留在了上海，他們是張瀾、黃炎培、梁漱溟、張東蓀。這些人堅持民盟獨立、中間的立場，不認同三中全會的政治路線和主張，於是形成了「滬港分裂」。一九四八年秋，中共為盡快促成「聯合政府」，邀請沈鈞儒、章伯鈞等人北上。也就在這個時候，張瀾、黃炎培、梁漱溟、張東蓀開了會，由羅隆基執筆，以在滬民盟中委的名義，向中國共產黨提出一份建議，主要內容如下：一、內政上實行議會制度；二、外交上採取所謂協和外交方針（即對美蘇採取同樣友好方針）；三、民盟有退至合法在野黨的自由（鑑於民盟被國民黨宣布為「非法團體」失去自由）；四、在盟內的中共黨員應公開身分，黨員和盟員避免交叉。（注十二）這一下非同小可，石破天驚！在滬中委座談這份建議書時，就遭到史良、楚圖南等救國會成員的堅決反對。可以說，中國民主同盟領導層就沒太平過。中右力量與沈鈞儒及其救國派倒向中共的鬥爭，一直是對峙的，鬥爭隱蔽而激烈。

也就在這一年，中共發布了「五一」口號，要求召開新政協。在潘漢年策劃下，沈鈞儒和章伯鈞到達東北，代表民盟籌備新政協。在東北，二人態度也有差異，沈鈞儒滿心誠意迎接新中國，十二月三十一日這一天，他「情不自禁，連作抒情詩以表達由衷的喜悅心情：『一串秧歌扭上樓，神燈柱為日皇留。光明自有擎天柱，照澈千秋與五洲』」。（注十三）同為十二月三十一日，章伯鈞寫信給第三黨留在香港的朋友，說自己「想回去（指返回香港）」。

一九四九年，改朝換代，政權更迭。

九月，中國人民政治協商會議召開。沈鈞儒代表民盟毫無保留地接受《共同綱領》，並被選為全國政協副主席和中央人民政府委員。十月一日，被任命為最高人民法院院長。十二月十八日，沈鈞儒宣布救國會「歷史使命已完成」而自行解散。對此，周恩來深感遺憾並高度評價救國會業績。毛澤東從蘇聯返回，聞訊後表示惋惜。沈鈞儒私下對章伯鈞說：「解散是對的，救國會想做官的人太多！」父親認為他說對了。

說句老實話，民主黨派裡不少人也還是想在新政府裡謀個位置，這個位置包括官職在內。但「僧多粥少」，讓人焦慮，有的滿腹牢騷，有的互相爭鬥。這方面的情形，一個叫鍾桂松的人（即作者）通過介紹宋雲彬的日記，做了真實的描述：（注十四）

六月，救國會在沈鈞儒的主持下醞釀參加新政協的建議名單，其時，救國會內部烽煙四起，競爭十分激烈，都想參加新政協會議，但是名額有限。王造時在上海給北平的沈鈞儒出難題，認為自己應該是新政協的參加者，而原來的名單裡，宋雲彬是其中一個，所以王造時出難題，讓宋雲彬非常擔心，擔心自己的名額讓王造時鬧下來。他在六月二十七日、二十八日的日記裡，專門寫到此事。……七月十八日，救國會例會上仍然討論救國會參加新政協的名單，宋雲彬在日記中寫道：「上海方面，王造時最熱衷，曾召開會員大會，函電交馳，向衡老力爭，非請衡老提出他的名字不可。……」……七月二十五日的日記中，宋雲彬又關注王造時，說王造時又給沈鈞儒寫信，言辭哀懇。「王造時來信，哀懇提名新政協，言辭淒婉。謂我與衡老二十年交誼，且為『七君子』之一，若不代表救國會參加新政協，有何面目見人。」但是，救國會協商的十二人名單中，仍然沒有王造時。對此，宋雲彬非常在意，生怕王造時一鬧，影響到自己。所以他從過去對救國會工作的散淡到現在的格外熱衷，他在八月一日的日記中寫道：「今日救國會有例會，但至下午五時未接王健電話通知，打電話去問，始悉因衡老另有要事，例會停開。余對救國會例會向少出席，自被提名新政協代表，每會必到，深恐有人先我得鹿，或被排擠出去。今日例會停開，不能聆聽衡老報告，未知名單已否提交新政協籌備會，所提人名有無更動，念念不能忘……」

對一個政協委員名額的激烈爭奪，很能說明救國會主要成員的特點了。沈鈞儒高明啊，採取立即解散的辦法解決問題。那麼解散以後呢？告訴你：解散的救國會，還是贏了！這裡，請容許我引用馮亦代在「反右」以後，對章伯鈞說的一句話：「伯老，搞掉你和羅隆基，民盟中央現在是救國會的一統天下了。」

聽罷，站在客廳的父親愣住了。

細想，可不是麼？胡愈之大權在握，領導層由史良、楚圖南、周新民、李文宜、沙千里、薩空了、千家駒、閔剛侯等人構成，他們個個都是救國會成員。所以說救國會是借屍還魂了。還有什麼可講！

在紅色政權下，沈鈞儒繼續向「左」而行，且暢通無阻——

比如：一九五四年第一屆全國人大召開，沈鈞儒參與中共政權的憲法起草。憲法出來後，他立馬表態無條件擁護，說：「我從前清以來，就從事憲法運動，在歷次運動中不知花了多少心血，結果都是枉費心機。今天在黨的領導下，才見到社會主義的憲法，是真正的人民憲法，是真正的民主憲法。」（注十五）讓他沒想到的是——就在這次會議，中共不再讓他擔任法院院長，令他非常震驚。

又如：一九五七年春季，他積極主動提出希望參加中共的整風運動，為了更好地進行祕密商議，根據沈鈞儒的提議，民盟中央整風領導小組的所有會議居然都是在他的家裡開的，搞得跟地下祕密活動似的。運動中沈鈞儒責成和鼓勵胡愈之放手地幹！像著名的「六六六」教授會議，就是由胡愈之一手布置的。沈鈞儒滿以為反右運動到了最後處理階段，中共會寬大民盟中央的成員。這裡要強調一點：在沈鈞儒認為可以寬大名單裡，是沒有章伯鈞、羅隆基二人的！因為他一向認為章、羅二人政治傾向有嚴重問題，也是妨礙救國會成員進入民盟中央領導層的最大障礙，章羅就該劃為右

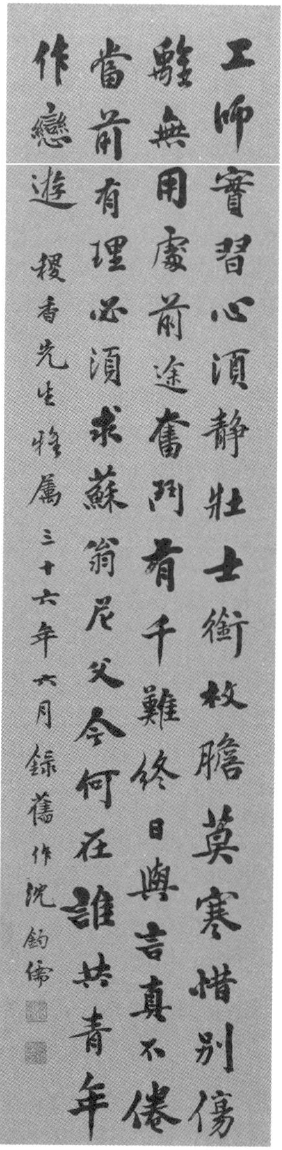

沈鈞儒書法，寄梅堂藏。

派。等到中共中央統戰部確立了右派分子大名單，他發現民盟的中委竟占到一半（先為五十九人，後為六十一人）徹底傻眼了，十分痛苦。據說沈鈞儒當場表達了不滿和反對。但是，晚了。

再如：一九五八年全國展開「雙反、交心」運動。三月三日，在民盟中央大會上，沈鈞儒在「加速思想改造」決心書上簽名。十六日，出席「各民主黨派社會主義自我思想改造促進大會」，會場情緒高漲，民主黨派成員及機關幹部一致表示決心加速思想改造，把心交給黨，把知識還給人民，效忠社會主義制度。沈鈞儒擔任主席，會上講話，會後遊行。他帶頭走上長安街，呼口號，與黃炎培、郭沫若並列走在最前面。後來，沈鈞儒還約父親到他的住所談話，勸章伯鈞「好好改造思想」，又說他自己也在「努力改造」。

最叫絕的是，沈鈞儒自「反右」後，口袋裡就放著一張紙條，上面寫著：「你是不是聽黨的話？你是不是聽毛主席的話，你是不是走社會主義的道路？你為人民究竟做了些什麼事情？」（注十六）時時取出，反躬自省，中共黨員都沒如此虔誠。一年後，為紀念中共建黨四十周年，沈鈞儒手書毛澤東詩詞二十一首，獻給中共和毛主席，由人民美術出版社出版，印製也講究。陳毅題詩為序，其中兩句是「主席詩篇動環宇，沈老書法世早知」。沈鈞儒很珍視，把它當作禮物送人，還送了一冊給父親。

「九一八」30周年紀念日，沈鈞儒寫下「河山永固」。

沈鈞儒要求參加中共之迫切與持久也是少有，從四十年代的重慶就開始了。一九五〇年七月，致函董必武誠懇提出入黨要求。八月一日，再向董必武致函；翌日專訪林伯渠，又談入黨要求，均未獲答覆。

一九六二年九月九日，住在頤和園介壽堂休養的他，約胡愈之、沙千里、薩空了、范長江談話，正式提出申請加入中共。他說：「我身體與精力已不如前，常感乏力，舉步沉重，為了身後事，約你們談談，說明我的願望。我很早就期望加入中國共產黨，以前曾為此給董老，董老回信說要和黨內同志研究。我想可能是因為民盟的工作，還不好參加，現在我仍懇求黨加以考慮，如生前不能入黨，希望在我死後追認為中共黨員。我一生做了一些事，有的做對了，有些不對……我總想約些黨員同志和親密朋友談談，如果過去有些事做得不對，說出來我還來得及改正。」（注十七）雖然他約的朋友都是中共黨員，但沒人敢表態。

沈鈞儒於一九六三年六月十一日病逝，享年八十八歲。靈堂設在中山公園中山堂，舉行了隆重的公祭。遺體沒有覆蓋中共黨旗。按中共黨員的標準衡量，沈鈞儒足夠加入一百次。單是「引導民盟走上革命道路」這一條，就居功至偉，不愧是「民主人士左派旗幟」（周恩來語）。偏偏搞不懂毛澤東為什麼就是不接納他？

沈鈞儒逝後民盟中央輓聯云：

上聯：畢生奮鬥，引導全盟向左轉；

下聯：遺言改造，遵循邁進在吾曹。

沈鈞儒一生為政治而竭盡全力，值得嗎？這讓我想起父親的話：「小愚，你不要學爸爸，不要搞政治。一個人生活裡真正重要的東西，不過兩、三種，這裡沒有政治。」

北京守愚齋

寫於二〇一九年夏秋　二〇二一年夏定稿

（以上未注明照片由蘇州檔案館提供）

注釋

注一：民國期刊《人物雜誌》月刊第四期，民國三十五年十一月。

注二：救國會內部資料《救亡情報》第二十九期。

注三：王造時，〈羈押生活的感想〉，見沙千里，《七人之獄》，頁一二七。

注四：鄒韜奮主編，《大眾生活》，一九三五年十二月二十一日。

注五：《民盟中央一般整風大字報彙編》（內部資料），第一五五二號。

注六：沙千里，《漫話救國會》，北京：文史資料出版社，一九八三，序言。

注七：沙千里，《漫話救國會》，北京：文史資料出版社，一九八三，頁六。

注八、九、十：沈譜、沈人驊編，《沈鈞儒年譜》，北京：中國文史出版社，一九九二，頁二二四。

注十一：老盟員、四川內江師範校長鄒作聖先生在自印《盟史札記》一書中寫道——

《中國民主同盟簡史》記載：「從一九四七年十一月到一九四八年一月，先後舉行了多次民盟在港中央委員談話會……談話會中，與會者一致拒絕國民黨政府宣布民盟為非法團體的命令……要求恢復組織活動……著手籌備召開民盟一屆三中全會。」談話會開始於十一月，據范朴齋日記證明，沈十二月還在上海。又據崔宗復《張瀾年譜》，「沈鈞儒於十二月二十七日化裝祕密赴港」，則沈去港離民盟召開三中全會只有八天了。那麼，十一月便開始的談話會是誰發起和主持的？按照《簡史》所說，是沈鈞儒與張瀾主席密商，沈、章、周新民等祕密離港醞釀恢復民盟總部的。但據確切資料，章伯鈞到港後，另有打算，與民盟在港左翼人士同床異夢。他可以表面順從參加座談會，而不會是積極組織者。剩下的就是中共黨員周新民、李相符等了……沈鈞儒十二月才到港，則籌措經費、組織代表到會（特別是單大陸代表往返信函就需相當的時間）、準備起草文件等等許多工作，都需要時間，哪能一月五日便開會呢？其中許多工作中共「代勞」才是合理。三中全會文件中出現的「實現民主集中制」、「走群眾路線」之類術語，應是代勞者留下的痕跡。

注十二：葉篤義，《雖九死其猶未悔》，北京：北京十月文藝出版社，一九九九，頁六七。

注十三：沈譜、沈人驊編，《沈鈞儒年譜》，北京：中國文史出版社，一九九二，頁三二八。

注十四：《隨筆》，二〇一九年第二期，頁一三七—一三八。

注十五：林亨元，〈中國知識分子的光輝榜樣〉，見《沈鈞儒紀念集》，頁二六三頁。

注十六、十七：沈譜、沈人驊編，《沈鈞儒年譜》，頁三九一、四〇三。

衣被滿天下
無人識其恩

——葉恭綽的故事

葉恭綽肖像

人生節點

葉恭綽，字譽虎，一作裕甫，號遐庵，晚年別署矩園。廣東番禺人。

一八八一　出生

一八八一—一九〇六（計二十六年）進修積累時期

一九〇六—一九三二（計二十六年）從政時期。大半生與交通事業結緣，期間任北洋政府交通次長、總長，又任國民政府鐵道部部長等職

一九三二—一九四九（計十七年）閒居時期。抗戰時期以避居香港最為長久

一九五〇—一九六八（計十九年）在中共政府時期，是其晚年。一九五七年劃為右派

眾多的成就與業績使之成為中國近現代最有影響力之人物。

我決定寫葉恭綽故事，哪怕寫得不好。輾轉反側十餘日，提筆又放下，放下又提筆，太難了，「啃」不動。

朋友說：「張伯駒都寫了，葉恭綽也就順理成章了。」

不，不是這樣。對張伯駒，多多少少還可以把握；對葉恭綽，我把握不了。

一

葉恭綽出生於書香門第。祖父葉衍蘭以金石、書畫名世，父親葉佩瑲精通詩、書、畫。他自幼接受最完整、最嚴格的傳統教育，五歲開始讀「四書」。六歲能造句屬對。七歲父親命賦春雨詩，葉恭綽當即寫下：「幾夕無明月，輕陰正釀春。」祖與父大喜。十四歲習駢文詩詞。十五歲嚮往新學，學習日文。十六歲研究佛學。二十歲入京師大學堂仕學館。所以，他的侄兒葉公超用「早承庭訓，卓然成家」來概括叔父的少年時代。既有深厚國學傳統，又兼及各類新學。兩者間的貫通與協調，成為葉恭綽終生從事的主題。

葉恭綽有長達二十六年（一九〇六—一九三二）的從政期，十八歲應童子試作〈鐵路賦〉，獲主考官激賞。不承想，這篇賦似在冥冥之中為其指引了未來的路，將自己的一生都交予了交通事業，間兩任北洋政府交通次長，三任總長，又任國民政府鐵道部部長等職。

若講官運，葉恭綽的官運真是好到不可思議！京師大學堂肄業後，二十六歲的他任郵傳部路政司主事。（注：那時沒有鐵道部，主管郵政、鐵路的部門叫郵傳部），繼擢員外郎，又超擢郎中，旋轉承政廳僉事，後兼總局總科長，一年之間，連升五次。

一九〇七年，葉恭綽創辦交通銀行。現在「交通銀行」四個大字也出於葉公之筆，保留至今。交通銀行成立後的第一件要事就是借款，協助當時鐵路總局局長梁士詒成功贖回了京漢鐵路。這是一條運營里程最長的鐵路，收回後又主持贖回膠濟鐵路及部分中東鐵路管理權。葉恭綽在長期掌管全國路政期間，為行業建立管理制度，其思路和辦法大多符合行業運行的要求，有的至今仍在沿用。

知道嗎？名校「交大」，也是出自他的手筆！在任北洋政府交通部長期間，一九一九年先後赴日本、美國、歐洲考察各國政治、經濟、交通和教育。回國後即按照西方大學的教育制度，把交通部下轄上海工業學校、唐山工業學校、北京鐵路學校和北京郵電學校合併組成交通大學，統稱「交大」，由本人兼任校長。一九二一年九月十日，交通大學京、滬、唐三校同時開學，葉恭綽在北京學校開學典禮上講話，對學生提出三點希望：一是學術獨立，不受外力支配；二是學以致用，貴在貢獻；三是學術越精，應用越廣。今天聽來，這話也是「含有至理，蓄有精義」，表達出現代教育的基本理念。

政壇風采熠熠，其實並無野心，常常是因為人太能幹，身不由己，而內心嚮往的則是文化。當葉恭綽離開政壇，踏入文化領域，一生中最輝煌的階段開始了，集多種身分為一體：學者，詞人，書畫家，收藏家，鑑賞家，佛學家，教育家，社會活動家，從事宗教、學術、藝術、文學等一系列精緻的文化活動，憑著學養、實力、人品、才華和調動各種社會關係之能力，順理成章地成為民國文化發展事業的開創者和領導者。對民國歷史文化的貢獻，如果蔡元培是第一，葉恭綽就是第二，沒有第三。其業績成就極為豐富、多面且持久。想來想去，才疏學淺的我只能分門別類地羅列出來。此前我看過的寫葉恭綽生平與成就的文章（包括論文）也多是採用這種方式。

葉恭綽熱衷於創設、組織和參與圖書館、博物館、展覽會（包括文獻展）以及學術機構。這方面，他是中國近現代開創性人物，其活動及成果可以開一張長長的單子——

一九一四年，創設交通博物館；

一九一七年，設立交通部交通研究會；

一九二〇年，建議設立通儒館並影印《四庫全書》；

一九二九年，與朱啟鈐組織中國營造學社；

一九三一年，籌辦全國第一屆美術展覽會，倡議發起中國畫會；

一九三二年，籌辦蘇州文獻展覽會，浙江文獻展覽會，籌備柏林「中國美術展覽會」；

一九三三年，為籌辦上海博物館發揮重大作用，並推為理事長；

一九三六年，參加全國圖書館協會及博物館協會聯合年會並任主席，成立中國古泉學會並任副會長；

一九三七年，籌辦上海文獻展覽會和中國建築博覽會；

一九三九年，組織中國文化協進會和廣東文物展覽會等。

葉恭綽天性溫和，自幼接受佛教熏染，十六歲開始研究佛學教義。他信教，又保持理性，以弘揚佛法為目的，參加了許多佛教社團和佛教經典活動。他的作為，飽含對千年古蹟與中華文化傳統的深刻理解與熱愛，並非完全出於宗教。這裡只能舉出一些重要事蹟。比如，對敦煌石室遺書的搜集，以圖集之大成。經他宣導，一九二二年請陳垣做全局檢閱；一九二四年編成《敦煌劫餘錄》；一九二九年京師圖書館成立編經組；一九五八年由王重民主編《敦煌遺書總目索引》，總算完成初願。

一九三一年，朱慶瀾等見長安開元、臥龍兩寺有宋磧砂版《大藏經》，遂赴滬與他商議籌印，實則由葉恭綽獨負其責。歷時四年完成，共六千三百六十二卷，費銀二十三萬四千三百九十八元。這是個大工程，為學術研究提供了新的資料。

中年葉恭綽，照片由私人收藏。

一九三五年，範成和尚在山西廣勝寺發現藏經，經考證認為是金代刊本，葉恭綽與宋藏會同人擇要複印，名曰《宋藏遺珍》。

葉恭綽最大的心願是編印一部中華大藏。自民初以來，即有此意，因而對歷代藏經加以研究且屢議其事，並計畫編輯。曾發表〈編印中華大藏議〉，望朝野合作，估計經費巨大，可惜未成。

在修葺寺廟墓塔佛像等古蹟活動方面：

一九二三年六月，捐資重修廣州暹羅貢使墓。

一九二五年九月，發起修葺北京萬松塔。

一九二八年，與徐世昌等集資重修北平慈仁寺。同年，大同雲岡石佛被盜，聞後葉恭綽特商請中央古物保存會蔡元培派大員赴大同調查，兼籌保護及修補之方，復與蔡聯電閻錫山，請其保護。又電北平古物保存會。因葉恭綽之熱心，石佛得以保護。

一九二八年，江蘇昆山用直鎮保聖寺內唐塑十八羅漢（唐代著名雕塑家楊惠之所塑）

年久失修。他與蔡元培前往參觀，認為有保存必要。乃於當年春天組織一個唐塑委員會，他為委員之一，計畫改建保聖寺，並建一新屋為古物館將唐塑十八羅漢置於館內。一九三〇年建成，用款兩萬四千元。

講葉恭綽，就一定要講他對國寶級文物的保護，比如對敦煌，對故宮。這裡特別要提到他所成立的敦煌經籍輯存會，開創了國內敦煌研究之格局。一九二〇年前後，鑑於敦煌經卷被外國人劫掠，有些流散在國內私人之手（京師圖書館所藏無多），葉恭綽和其他有識之士，於一九二五年九月一日發起成立敦煌經籍輯存會。這個學術團體致力於敦煌經典古籍搜集、整理、保存和研究，參加者多為藏有敦煌遺書或對敦煌文獻有所研究的人。經該會的不懈努力，先後推出了《倫敦博物館敦煌書目》、《巴黎圖書館敦煌書目》、《敦煌劫餘錄》、《海外所存敦煌經籍分類目錄》等最早一批成果。這是中國國內最早系統性敦煌學研究的開端，意義重大。

說到故宮，業內人士認為：葉恭綽對故宮的保護，可謂居功至偉。故宮博物院建院之初最為困難，院務工作處於停頓狀態，無人負責。一九二六年十月，由葉恭綽、顧維鈞等人發起成立故宮博物院維持會，繼而成立基金委員會，葉氏被推為副會長。一九二八年，國民政府接管故宮博物院，葉恭綽以自己廣博深厚的學養和才幹，為故宮鑑別了大量的字

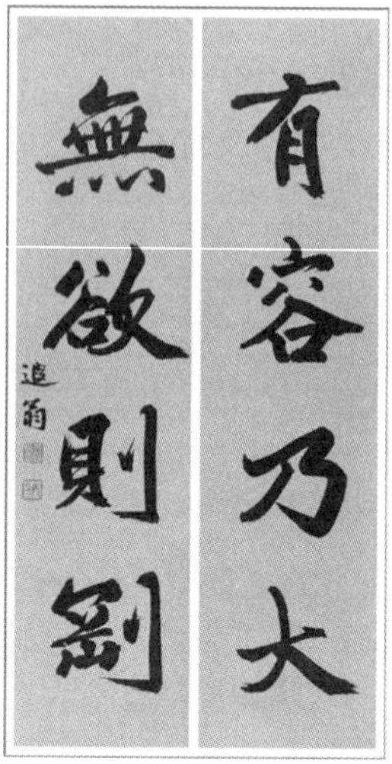

葉恭綽題對聯
（圖片自百度）

畫、圖書、史料、戲曲、樂器、聖像及法器等文物。故宮建築大多破敗，又缺經費。一九二九年，朱啟鈐、葉恭綽等人成立中國營造學社，遂立即動手制定故宮的維修計畫。葉氏還主動聯繫財團和金融界大老贊助。一九三三年山海關失守後，在二月至五月期間，大批故宮文物南遷以避戰禍，也是由葉恭綽等人促成。

葉恭綽能詩，是個多愁善感的人。他的妾（淨持）去世，葉氏把哀痛、懷念和昔日戀情都寫進了詩：「沉吟往事廿三周，地下懸知也白頭。恨切可隨殘夢斷，心傷空撫舊恨留。九京永痛天如夜，一葉偏驚世多秋。愁望欲圓雲際月，清光長照海西流。」除了寫詩，他還有不少研究、編輯、刊行與詩詞相關的作品。如《遐庵詩》、《遐庵詞》、《遐庵談藝錄》、《遐庵清祕錄》等。葉恭綽年少時期就泛覽清詞，開始了《全清詞鈔》的資料搜集、整理、編纂和研究，歷時甚久。共選三千一百九十六人之詞，編成四十卷。一九四四年，完成全書，一九七五年，由香港中華書局出版。儘管其中有可商榷探討之處，但他對清詞

葉恭綽與張大千合作扇面，圖自《摩犬勁節》。

文獻的貢獻是別人無法替代、後人也難以企及的。葉恭綽與朱祖謀組織詞社；與龍榆生創《詞學季刊》。這些成就，使之成為中國當代詩詞界的領袖人物。

誰都知道，葉恭綽寫得一手好字！剛滿五歲，祖父就教他執筆作書。十二歲臨魏碑，十五歲習晉唐。從小到老，每日必親筆硯。葉恭綽對中國文字書法很有研究，認為書法代表的是書法家之個性，將「整個人的人生觀念、學問、胸襟流露出來」。民國二十九年（一九四〇），他在香港做過一次演講，除了工具、傳習之外，提出技藝方面的五個要求，其中包括運筆、結構、筆力、韻味、氣勢。葉恭綽的書法自成一家，人稱有「褚之俊逸，顏之雄渾，趙之潤秀」。葉氏書法以六、七十歲為最好，得心應手，更講究勢態和質感。晚年住在香港，因生計才開始公開賣字。有人這樣歸結：由於葉恭綽、羅振玉、王國維、傅增湘、吳稚暉、于右任等大家的勤力和振興，中國翰墨書法才造就了近世的興盛。

葉恭綽是五十歲開始作畫的。多畫松、竹、梅、蘭，而精於竹。用他自己的話來說：「……南下居滬，與余君紹宋、吳君湖帆往來，始究心於繪竹，習之不懈，三數年間，積至二三百幅，自不愜意，則悉棄之廢簏。抗日戰起，余由滬至香港，為日寇拘繫，乃畫竹自遣，始稍窺蘊奧。又由港至滬，資物蕩盡，無以給朝夕，遂與梅畹華（即梅蘭芳）、張大千諸君賣字及畫，所繪亦略有進，荏苒數年，兼習梅松花卉之屬，然皆小景也。」葉恭綽還為許多名畫家的畫作題詩，好畫配好字，如今都是難得之珍品。

葉恭綽喜古董，嗜古通古，一生花了許多精力和財力收藏國之珍寶。這方面內容，鄭逸梅在《鄭逸梅筆下的藝壇逸事》裡有較為詳細的介紹：他收藏明代宣德爐有四百件，累累滿室；他藏古尺，有周代的、漢代的，有象牙的、銅質的，以考察古今度量之不同；他喜藏墨，藏印，藏紙，藏古代貨幣，是民國四大藏家之一。他還藏了不少硯臺，如蘇東坡斷碑小硯、鮮于樞硯、李笠翁硯、石濤硯。他藏碑帖，有晉王羲之〈曹娥碑〉，晉王獻之

〈鴨頭丸帖〉。他藏的字畫作品都是極品、絕品，如宋徽宗畫祥龍石幅、朱熹贈敬夫詩卷、徐文長擬鳶圖卷、黃道周寫孝經卷……當然，還有最令他傷心的毛公鼎。這一國寶重器，他集資十萬大洋向端方夫人購得，後幾經反復，本人還為此而入獄。毛公鼎在他住港時期失去，後在滬出現，陳伯陶以四百兩黃金購回後，獻給國民政府。

葉恭綽收藏的目的在於研究，始終踐行以鑑賞研究推動學術的目的。如以市價來計算，他的藏物是個難以推斷和想像的天文數字。

他從事學術活動也非常多。一九二〇年，向徐世昌建議開設通儒院。一九二七年，提出設立學術院。同年出任北京大學國學研究館館長。談及學術，他認為：「一國必有其特殊或專長之學術，為民族所寄。」他對學者提出，「宜戒之者有四：一附會，二抄襲，三淺嘗，四嗜欲」。這話說得多麼中肯、犀利。在這一年的春季，瑞典人斯文・赫定領隊來華考察西北，各界反對，當局主張寬容。有人主張國人自行組織考察，但無經費。葉恭綽與眾友集議，與斯文・赫定合作，組織由北大研究所國學門等十四個團體參加的西北科學考察團，經費初由團體認捐，後由教育部、中華文化基金會出資。這一次考察，成果豐碩。

一九四九年，江山易代，政權更迭。

葉恭綽書重修袁崇煥祠碑，2021 年攝。

葉恭綽熱情不減，繼續從事文物保護工作。最重要的一件事，即重修明督師袁崇煥祠。一九五二年，新政權對北京市進行大規模城市改造，位於第七區（後改名崇文區）的袁崇煥墓在遷移之列。葉恭綽、柳亞子、李濟深、章士釗聞訊，聯名上書毛澤東，呼籲保護袁墓，後終得毛的回覆：「……已告彭真市長，如無大礙，應予保存。」袁氏祠與墓至今保存完好，成為全國文物重點保護單位。墓碑由李濟深撰，葉恭綽書。碑文敘事精練嚴密，書寫工整又極具氣勢。

另一件事則是一九五三年十月二十一日，他聯繫朱啟鈐、章士釗對天安門人民英雄紀念碑的設計提出一些意見。三人認為：「英雄紀念碑的建立，為建國以來一件大事，故所有設計，必須偉大壯麗，與天安門廣場和附近其他建築配合調和。而其要義尤須能以表現我國藝術上的優良傳統，令民族風格與英雄事蹟融合為一，方足示千秋的模範，隆萬國的觀瞻。兩年以來，但聞進行設計，未悉內容，日前得見該碑興建委員會印行的設計資料，啟鈐等詳加考閱，兼以視察和採訪，似其設計，尚未足以云完善。」信中還陳述了設計紀念碑應注意之點。信函直送毛澤東，毛澤東及時做了批示。

葉恭綽投身文化，數十年如一日。不辭辛勞，奔波呼籲且多有資助，表現出的社會活動能力和傑出的組織才幹，現在的文化部長，有誰能做到？我認為：葉恭綽的作為不可單純視為是社會職責，或是人生道路的選擇。一切都來自強烈的心靈渴望與精神呼喚，從北洋時期到紅色政權，他服從的是自己的內心，把對國家和民族的愛，都傾注於對歷史文化的欣賞與保護，把文化上升到一個民族的精神層面，竭盡所能，不遺餘力。葉恭綽曾這樣說：「我以為一個民族應該有一種精神的表現，無論為事業，為學術，而尤其顯著者，則在文學、哲學、美術等。」從中東鐵路到交通大學，從《全清詞鈔》到袁崇煥祠，他做的事幾乎都留了下來，且讓後人受用無窮。這是一個奇蹟！

什麼是奇蹟？奇蹟是極難做到的事情或幾乎是不可做到的事，卻做到了。

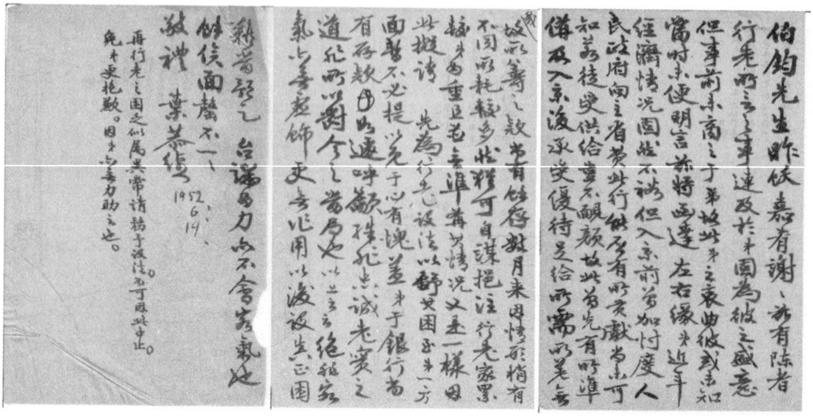

葉恭綽致章伯鈞信札（手存）

二

父親（章伯鈞）是於一九四八年前後，與葉恭綽在香港結識並往來的：吃飯、喝茶、通信、聚會以及共同出席一些社交場合。二人常有書信往來，「文革」抄家大多銷毀。紅衛兵走後，父親在地板上找到零散的幾封，像寶貝一樣珍藏起來。幾十年過去，我一直不敢看，怕看到要落淚。今年動手寫葉恭綽故事，才翻檢出來。這些繽紛的民國花箋和典雅飛揚的文字，讓我感慨不已。其中，唯一標注日期的信寫於一九五二年六月十九日，全文如下——

伯鈞先生，昨飫嘉肴，謝謝。茲有陳者行老所言之事連及于弟，固為彼之盛意，但事前未商之于弟，故此弟之衷曲彼或未知，當時未便明言，茲特函達左右。緣弟近年經濟固然不裕，但入京前曾加忖度，人民政府向主省費，此行能否有所貢獻，尚未可知，若徒受供給，豈不靦顏，故此曾先有所準備，及入京後承受優待，足給所需，所差無幾，故所籌之款尚有餘存，數月來因情形稍有不同，所耗較多，然猶可自謀挹注。行老家累較弟為重，且並無準備，其情況又是一樣，因此擬請先為行老設法以舒其困，至弟一方面暫不必提，以免于心有愧羞，弟于銀行尚有存款，如遽呼籲，殊非忠誠老實之道，非所以對今之當局也。以上云云，絕非客氣，亦無虛飾，更無非用，以後設真正困難，當預乞台端為力，亦不會客氣也。餘俟面罄，不一一。

再行老之困乏似屬異常，請務予設法，不可因此中止。免弟更抱歉。因弟亦無力助之也。

敬禮 葉恭綽頓首 一九五二・六・十九

葉恭綽回到大陸，中共政權當然知道他的分量。一九五一年，任命為中央人民政府政務院文化教育委員會委員；同年七月，聘為中央文史館副館長。這信顯然是在這個時間段寫的，談的是「收入」，態度誠摯，行文委婉，蘊涵文人士大夫的溫良恭儉。信裡，葉恭綽有對自己來京後生活狀況的介紹，有對章士釗的接待及對其處境的體諒，當然也有對章伯鈞的信任。

另一封信儘管第一頁丟失，但讀來依然有趣了，老人這樣寫道——

前承屬覓錢秉燈遺著，坊間不多，只得言易經詩經及莊子楚詞者數種，其詩文集及史乘尚未得見，容覓有成數再送上。其人曾出家為僧，亦方以智之流亞也。附上新印清代學者象傳二集，各象底乃以廿餘年之力所搜集，不忍拋棄。近乃勉竭棉力印行，極感窘困也。又日前與胡開文鋪掌談及舊法製墨已將斷種，欲試做一批以延其命，研究結果須至少做四十斤，每斤價廿五萬至卅萬。經試做後如用者滿意，即可請國營百貨公司年定數百斤以資維持。惟第一批之定貨須有人擔任，弟擬集三四十人，每人定一斤至二斤以成其事，盼公宣導為吾國及貴省存此文物，亦佳事也。此上。

伯鈞先生　恭綽頓首

葉恭綽寫這封信是向父親推薦和推銷胡開文舊法製墨。因為這種老墨的保留，需有一定數量的私人訂製，腦子靈活的他想到了安徽籍貫的章伯鈞，說：「每斤價廿五萬至卅萬。經試做後如用者滿意，即可請國營百貨公司年定數百斤以資維持……弟擬集三四十人，每人定一斤至二斤以成其事，盼公宣導為吾國及貴省存此文物，亦佳事也。」我看到這裡，不禁為他的真摯和熱情而感動。

父親與葉恭綽的交往以兩件事最為重要。一是請他參加中國農工民主黨（簡稱農工黨）；另一件是「共謀」成立北京中國畫院。

葉恭綽是一尊神，如能參加農工黨，對章伯鈞而言是極榮幸、也是極不易的事。從業績到家世到為人，父親對他佩服之至。加之，二人前後同為交通部長的身分，更使關係非同一般。葉恭綽來我家，父親奉為上賓，尊為貴客，一定是好茶好酒好飯菜，談天說地，講古論今。父親更多地是聽他講前朝舊事，或是向他請教對文化遺跡、古籍版本、金石書畫等具體事物的看法。在這樣的交談裡，得知國畫界趨於萎縮、國畫家生存窘困的情況。於是，他們生發出要搞個由國畫家組成一個畫院的念頭。由父親疏通關係，葉氏領銜操辦。我在《往事並不如煙．君子之交》一文中，曾這樣寫來：「父親說：『共產黨可以不需要我們這些搞政治的人，但需要科學家、藝術家。（一九）五六年因為文化部和中國美協有輕視國畫的傾向，我聯絡努生（羅隆基），再拉上李任潮（李濟深），向周恩來反映了這個問題。後來又與葉恭綽、王愼生、王雪濤、徐燕蓀等人，一道發起成立北京畫院，為的是把國畫創作和研究獨立出來。結果凡是與此事有關的畫家，除齊白石外其餘一概劃為右派。葉譽虎（葉恭綽）是我把他拉到北京畫院當院長的，不想給這位老先生戴上了帽子。這事讓我的罪咎心情，永難消卻。』」

那是一九五六年，在中國人民政治協商會議第二屆全國委員會上，葉恭綽和陳半丁共同提出「擬請專設研究中國畫機構的提案」，受到重視。同年六月一日周恩來主持國務會議，通過了文化部「北京與上海各成立一所中國畫院」的報告和實施方案。文化部中國畫院籌備委員會經過一年時間籌備完畢。成立時，周恩來作長篇講話。規定了畫院是創作、研究、培養人才、發展美術事業、加強對外交流的學術機構，入院畫家由文化部直接聘任。被聘任的著名國畫家有齊白石、葉恭綽、陳半丁、于非闇、徐燕蓀、王雪濤、胡佩衡、吳鏡汀、秦仲文、王愼生、關松房、惠孝同、吳光宇等。齊白石任名譽院長，葉恭綽任院長，陳半丁、于非闇、徐燕蓀任副院長，出版大型學術刊物《中國畫》。至今我還記得父親參加畫院成立大會後，返回家中情景，那一臉的得意和喜悅！高聲說：「這件事總算辦成了！」手裡舉著《中國畫》創刊號。

翻過年就是一九五七。在中共「二百」方針和「大鳴大放」的誘導下，民主黨派傻傻地以為迎來了「知識分子的春天」。在鳴放中，民盟、農工兩黨一馬當先，決定大幹一場：大大地發展組織，好好地幫助中共整風。意氣風發的章伯鈞要求農工民主黨大量發展黨員，特別提到要多發展畫家、醫生以及藝人，尤其注意發展他們當中的頭面人物。醫生裡面的李宗恩，畫家裡面的葉恭綽，二人很快被吸收進來。此後農工民主黨陸續召開的醫藥界和美術界整風座談會，都由他們二人出面主持，場面宏大，氣氛熱烈。這些文人、醫生、教授、畫家懷著真誠和期待，將積鬱在心頭的看法及不滿，以提意見的方式盡可能地表達出來。以中國農工民主黨北京市委會為例，從五月至六月的一個月時間裡，分醫藥衛生、工程技術、文教、農業、文藝（以京劇界和國畫界為主）五個界別，馬不停蹄地召開了二十幾次座談會，與會者都是黨（農工黨）內外高級知識分子。他們鼓起勇氣，充滿熱情地提出意見，表達觀點和自己的觀察思考。發言的目的與動機很簡單，就是幫助中共整風。希望它好，只有它好了，別的才能好。

中國農工民主黨北京市委會五月二十六日舉行文化、藝術界人士座談會，與會者眾多，由葉恭綽主持。會上，名畫家發言踴躍，因為他們對國畫的處境和自身際遇有太多的感受。王雪濤說：「最近才成立國畫院，但國畫院一成立就有溝有牆，這是國畫界的外圍高牆。多少年來，國畫界敢怒而不敢言。中央美術學院有人嫉國畫如仇……院領導不重視國畫。」徐燕蓀說：「由於中央美術學院的黨員領導幹部輕視國畫，於是在青年畫家和老畫家間產生了矛盾，輕視國畫的思想，已經深入散布到各個角落。」國畫家王慎生說：「……宗派主義把國畫送到茅房裡，使我們走投無路，精神上感到痛苦。我們國畫界的條件很壞。需要的東西例如紙、顏料等卻買不到好的。現在中國畫院成立了，希望為我們創造好的條件，使國畫放出鮮花來。」

一百多位國畫家還出席了在文化部和美協聯合召開的座談會。他們「沉痛地揭發激烈地批評多年來在美術界占統治地位的宗派主義和教條主義對國畫家的打擊、排擠和摧殘的現象」。畫家李苦禪說：「學校領導不僅輕視國畫，而且一直把國畫家和落後分子的概念聯繫在一起。在各方面給他們不平等待遇。」他陳述了在美院的情況，說自己在學校是教國畫的，後來把他改為兼職教員，每月工資只按十個月計算，每月八元；在福利方面連公費醫療也沒有。由於生活困難，有一個很長時期，完全靠賣東西度日。他的習作掛在牆上，葉淺予（美院彩墨系領導人）看見了，把它扯下來，扔了。

誰是李苦禪？齊白石高徒，其花鳥寫意為徐悲鴻讚不絕口，收藏其佳作多幅，認為「白石翁之後筆墨運用當推李苦禪為最」，聘為國立北平藝專（即美院前身）教師。沒想到中央美院剛成立，安排課程，江豐（美院黨委書記），說：「李苦禪的畫是吃了飯，幫助消化的。」書記一句話，教務部門不安排課了，說他的畫用不上，弄得他一家人生計都成了問題。這時擔任院長的徐悲鴻想到，只是安慰不能解決燃眉之急，李苦禪夫人李惠文不是懂醫科嗎？他就提出建議，把李惠文安排到學校醫務室，可以領一份薪水，補貼家用。李苦禪自然感激，但賦閒在家，苦悶異常。日子有傷，心靈有痕，後被分配在工會，具體工作是賣電影票。賣不完的剩餘電影票還要自己到電影院門口，像票販子一樣把票賣掉。老友許麟廬曾撰文講述過他坐在中央美院樓梯口銷售電影票的情景。

眼見中國傳統文化受到的歧視和否定，又親睹它的傳承者身處的困境和備受排擠，坐不住的葉恭綽站了出來——這個從「北洋」就踏入仕途的人，顧不了仕途險惡，這個深諳政治的人，顧不上政治狂濤有可能迎面襲來。他要出面，用一己之力去挽回、去遏止國畫與國畫家的下滑與墜落。於他而言，中國文化及其傳統已融於血脈、鑄於靈魂，這是命！比命還要重、還要緊。孤月當空，似水無窮。葉恭綽是決絕的，決絕到不計利害，不問前景。他認為，這是比編一部《全清詞鈔》，比修一座萬松塔更重要的事。成立畫院，事關重大，葉恭綽找了個助手。這個助手叫啟功，清皇族後裔，仁厚又有才。啟功對葉恭綽佩服得五體投地，非常樂意給他跑腿、打雜、當個下手。葉恭綽曾向啟功了解具體情況，問：北京的畫家哪些人可以談談？哪些人有才幹？哪些人性格怎樣？啟功談了對老畫家的許多看法，自然提到徐燕蓀、王雪濤等人。

畫院決定出版大型圖文刊物《中國畫》，葉恭綽請啟功草擬刊物的計畫草案，並說「刊物應該是純技術的、資料性的、考據的、純國畫的」；又說「不要新派畫，沒有辯論性」。接著，葉恭綽派啟功到上海聯絡上海的國畫家。他連寫五封信（吳湖帆、楊寬、蔣大沂、謝稚柳、錢君匋）聯絡他們，請他們提供古畫圖片的資料，准予拍攝，同時討教上海畫院的經驗。上海畫家收到信，熱情地接待了啟功，還介紹他會見了其他一些畫家，如劉海粟、馬公愚、唐雲、王個簃、陸儼少、白蕉等。他們都羨慕北京，說上海沒有葉譽虎這樣的人。白蕉說：「你請譽老要照顧全面，照顧南方。」這一趟上海行，用啟功後來的交代材料裡的話來說，是「代葉招兵買馬，替葉吹捧」。而當時的啟功是很高興做這樣的事，還說：做美術界的領導，「葉恭綽正是藝術界最有資格的人」，一定要他「掛帥」才行。要知道，啟功的積極態度的另一層原因，是葉恭綽有恩於己，鄭逸梅在《鄭逸梅筆下的藝壇逸事》裡有所記述：「一次啟功母病，無醫藥費，乃以物資典，恰途遇恭綽，恭綽執啟功手云：『我亦孤兒。』言下淚為沾襟，立出資助之。」

保護國畫，首要是保護國畫家；消滅國畫，就要先消滅國畫家。據調查，北京能畫的有四百多人，畫院雖說只能擱幾十個人，那也是好呀！葉恭綽心裡清楚：我們都不是改變乾坤的人，但我們能否守住一些東西？所以，他向文化部要求「畫院」早點開幕。為此請

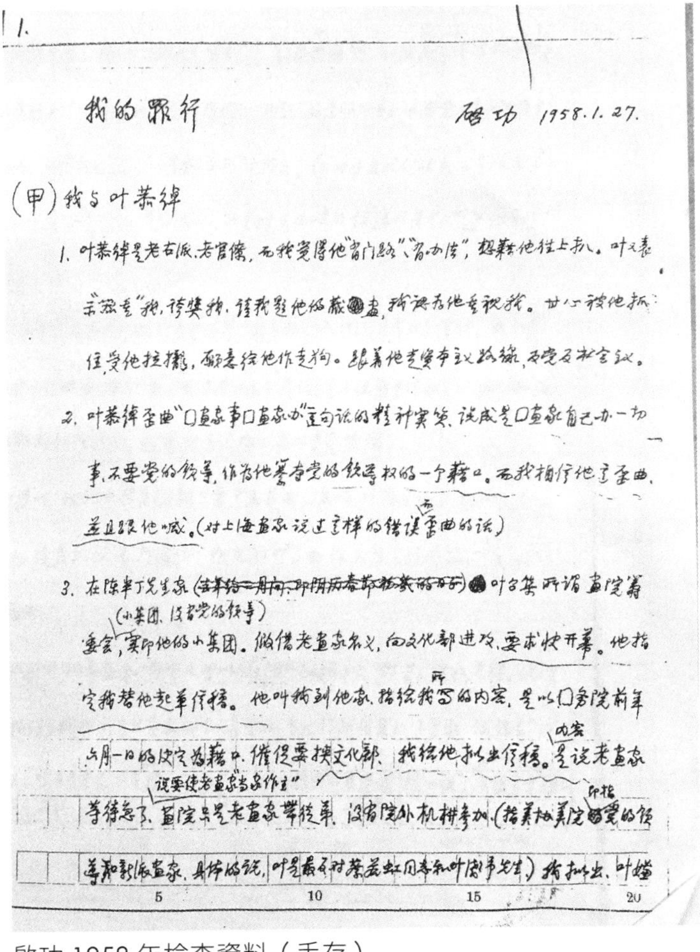
1.

我的罪行　　　　启功　1958.1.27.

（甲）我与叶恭绰

1. 叶恭绰是老右派、老官僚，而我觉得他"有门路"、"有办法"，想靠他往上爬。叶又表示欣赏"我，夸奖我，请我题他的藏画，我认为他重视我。甘心被他抓住，受他拉拢，愿意给他作走狗。跟着他走资本主义路线，反党反社会主义。

2. 叶恭绰歪曲"国画家事国画家办"这句话的精神实质，说成是国画家自己办一切事，不要党的领导，作为他篡夺党的领导权的一个藉口。而我相信他这歪曲，并且跟他喊。（对上海画家说过这样的错误而歪曲的话）

3. 在陈半丁先生家（~~[illegible]~~）叶召集所谓画院筹委会，（小集团、没有党的领导）实即他的小集团。假借老画家名义，向文化部进攻，要求快开幕。他指定我替他起草信稿。他叫我到他家，指给我所写的内容，是以国务院前年六月一日的决定为藉口，催促要挟文化部，我给他拟出信稿。内容是说老画家等待急了，"说要使老画家当家作主"，画院只是老画家带徒弟，没有院外机构参加。（指美协美院，即指党的领导和新派画家，具体的说，叶是最反对蔡若虹同志和叶浅予先生）我拟出、叶蟠

啟功 1958 年檢查資料（手存）

啟功代他寫信給文化部領導，以求盡快辦理。啟功寫了，葉看後嫌口氣不夠硬，要他重寫。重寫後，葉還是不滿意，最後自己動手寫了。柔，可至無風；柔，可至大風。年邁瘦弱的葉恭綽，真的在一九五七年夏季帶頭給中國美術界吹起了保護國畫、珍愛傳統、復興文化之風。

豈料陡然間風向變了！一百八十度大轉彎，整風變為反右，即從幫助中共整風轉為打擊知識分子及其民主黨派。在反右運動中，戲曲界的張伯駒、美術界的葉恭綽、醫藥界的李宗恩是重點。葉恭綽地位高，名氣大，影響深，所以批鬥他的會，次數多，時間長，場面大。見過袁世凱、黎元洪、孫中山的葉恭綽，從未見過這樣殘酷的鬥爭場面。七十六歲的他，兩腿顫抖著站立在會場中央，聲討，逼問，咒罵，羞辱……一切從剝奪尊嚴開始。啟功也參加了對葉恭綽的揭發批判大會，他在交代材料中說，葉恭綽的所作所為（也包括葉指派自己做的事在內）是「借此（指畫院）排斥文化部和美院各方面的領導……」這讓葉恭綽很傷心。一次一次寫交代的啟功，後來也很為這些「厚實」的揭發材料揪心，一直希望能找回來，但每每落空。「文革」結束後落實政策，北師大其他教授的黑材料都退還本人。唯獨他的找不到。原因很簡單：啟功「交代」材料從頭至尾都是親筆手書，早已成為別人手中的拍品和藏品。

在中共的安排下，讓藝人批判張伯駒，叫畫家批判葉恭綽。畫家們分組揭發美術界右派的罪行。董壽平有篇文章比較詳細地記述了當時的情況，他說：「在國畫界批判啟功是一個攤兒、批判徐燕蓀是一個攤兒、批判王雪濤又一個攤兒。白天如果畫家們有事，就晚上開批鬥會。」他被分到徐燕蓀那個組，他後來撰文說：「這個組是活受罪」，「連續三個夜晚，集中到地安門附近的雨兒胡同，讓搞徐燕蓀問題。晚上快沒車了才讓走。」其實，董壽平從心裡同情徐燕蓀。

夏日如沸，冬日如灰。運動由夏到冬，如沸如灰。一九五八年，「反右」進入後期處理階段，鄧小平親自領導擬定處理方案，百萬以上的知識分子分別受到戴帽、降職、降薪、開除、遣返、勞教、勞改、判刑等處理，儘管輕重不同，但好端端的人生就此結束，家庭隨之瓦解，有人還搭上了性命。在政協禮堂舉行的大會上，公布美術界戴帽右派名單。葉恭綽是頭名，啟功聽到宣布自己的名字時，如五雷轟頂，不能自持。是董壽平和邵宇兩人一左一右，把啟功攙出會場。文人的命運就攥在卑鄙而瘋狂的人手裡。

父親至死對儲安平和葉恭綽等心懷愧疚，覺得萬分對不住他們。請儲安平做《光明日報》總編，如果不當這個總編，他不會在全國人大發言，提出「黨天下」。拉葉恭綽參加「農

晚年葉恭綽
（圖片自百度）

工黨」（中國農工民主黨），組織座談會，害得人家成為美術界向黨進攻的「總頭目」。

一九五九年，紅色政權立國十年大慶。為表示政權穩固，寬大為懷，中共搞了「特赦」，「特赦」範圍包括舊政權裡的「黨政軍特」人員和服刑戰犯；接著，又傳出最高當局要給一批右派分子摘帽的消息。父親覺得如果要摘帽，那麼給葉恭綽摘帽的可能性最大，毛澤東這點聰明是有的。果然！葉恭綽列為第一批摘帽的高級知識分子，父親好高興。

十月一日晚上，天安門廣場舉行焰火晚會。父親和葉恭綽意外地在城樓相會，二人熱烈握手、寒暄、敘談，臉上都是笑，心裡埋著痛。

見時任交通部長、中共黨員的王首道從身邊經過，父親一把拉住，向他介紹葉恭綽。隨後，把掛著照相機的新華社記者也拉過來，說：「請你給我們三個人照個像。」

記者很樂意。父親特意向記者介紹：「我們是『三朝』交通部長。」

葉恭綽站在當中，左邊是王首道，右邊是章伯鈞——這張照片應該保存在新華社，如果它還在。

葉恭綽晚年生活不幸。自一九六六年「文革」抄家後，他和章伯鈞一樣，每月領取三十元生活費（我懷疑這個錢數是毛澤東親自定下）。章士釗有時接濟一些，但始終生活在困苦之中。健康狀況也在惡化，哪有什麼就醫條件可言？掙扎著活了兩年。經過風華，走過空寂，一九六八年八月六日病逝於家中。

熟悉葉恭綽的人都知道，儘管和許多大人物都有往來乃至深交，但他內心崇拜和立志追隨的是孫中山。他曾在中山陵東側小阜上捐款修建一座「仰止亭」。取高山仰止之意，以誌孫先生知遇之恩。他病重之時，曾託人向宋慶齡懇請：准其死後將骨灰掩埋於「仰止亭」之前，以示對孫中山先生的生死追隨。葉恭綽與宋慶齡有長期的交往，也深受宋的器重。宋慶齡同意他的請求，並轉國務院辦理。入葬之事由他的門生茅以升多方奔走，並得到周恩來的支持。時值「文革」混亂時期，為這件事茅以升不知付出多少辛苦，才得以辦成。在南京「仰止亭」下葬時，無葉氏親屬朋友參加。如此冷落，茅以升曾非常痛心地與人言及。

很快，墓碑被推倒，成為過往遊人休息的坐凳。碑上字跡也模糊不清。葉恭綽自裁的

南京葉恭綽墓及仰止亭，2020 年攝。

梅花也枯死殆盡。現在我們看到的「葉恭綽先生之墓」是重新修建的。墓地的修整和花木的補栽等項開支，均由葉恭綽之女葉崇範自行負擔。

寫到這裡，滿眼是淚。西方哲人說：死，並不是死者的不幸，而是生者的不幸。

北京守愚齋

二〇二〇年夏秋

參考資料

＊王樹槐，〈葉恭綽的文化活動〉，收入中央研究院近代史研究所編，《近代中國歷史人物論文集》，臺北：中央研究院近代史研究所，一九九三。
＊榮朝和，〈交通先驅 文教名流 愛國奉獻 高山仰止——追念交通大學葉恭綽老校長的壯闊平生〉，《北京交通大學學報》（社會科學版），二〇一七年四期。
＊蔡登山，〈葉恭綽不上掃葉樓〉，《多少往事堪重數：百年歷史餘溫（一八九〇—一九九〇）》，臺北：新銳文創，二〇一九。
＊傅寧軍，〈徐悲鴻——在新時代潮流中〉，《吞吐大荒：徐悲鴻尋蹤》，北京：人民文學出版社，二〇〇六。
＊〈中央美術學院輕視國畫〉（通訊），《光明日報》，一九五七年五月二十六日。
＊〈國畫之花需要陽光和雨露——北京國畫家激烈批評宗派主義和教條主義〉（通訊），《光明日報》，一九五七年五月二十一日。
＊鄭理，〈人生促短藝長存〉，《人民日報》，一九八六年八月二日。
＊啟功，〈第三次檢查材料我的罪行〉（一九五七年十二月二十三日），原件影本（手存）。
＊啟功，〈補充交代〉（一九五八年一月），原件影本（手存）。
＊啟功，〈我的罪行〉（一九五八年一月二十七日），原件影本（手存）。
＊葉崇德，〈葉恭綽骨龕入葬中山陵仰止亭〉，《傳記文學》，一九九〇年九月號。
＊凌鴻勛，〈清末民初交通界領導者——葉恭綽〉（上），《傳記文學》，一九七八年三月號。
＊凌鴻勛，《清末民初交通界領導者——葉恭綽》（下），《傳記文學》，一九七八年四月號。
＊劉階平，〈毛公鼎捐獻國家係陳詠仁而非葉恭綽〉，《傳記文學》，一九八二年四月號。
＊鄭逸梅，《鄭逸梅筆下的藝壇逸事》，上海：上海書畫出版社，二〇〇二。

凡認識你的
必爲你驚奇

——寂寞洪深

洪深肖像（圖片自百度）

洪深，中國話劇、電影事業奠基人。號伯駿，自謙取名「淺哉」。一八九四年十二月三十一日出生在江蘇武進縣（今常州），清代文學家洪亮吉六世孫。曾祖曾為國子監生，祖父未授官職，也是當地有名鄉紳。父親洪述祖，民國初年任內務部祕書。

一九〇〇年，洪深七歲入私塾。十三歲，父親中止其私塾課業，帶他去上海接受新式教育，先後就讀於徐匯公學、南洋公學（即交通大學前身）。學校的演劇活動頻繁，這讓年輕的洪深十分激動，原來書齋之外另有天地，從此迷上戲劇，以致多門功課考試不及格。

一九一二年洪深北上，考入北京清華學校（丙辰級）。

六月的一天，教學樓前貼出一張海報：

本校丙辰級於今晚六點半公演英國名劇：俠盜羅賓漢

本校　洪深先生翻譯並主演

地點：本校大鐘西南之隙地

敬請諸位光臨指教

常州洪深紀念室（圖片自常州政府網）

白衣飄飄，青絲飛揚。一場演出盡顯洪深的表演才華和組織能力，可謂風頭出盡。

家族是一棵大樹，所有的福蔭與禍端都緣於它。一九一三年，父親洪述祖因受到刺殺宋教仁案的牽連，由官員變為罪人，四處躲藏，甚至東渡日本。生活突遭變故，全家頓時陷入頹勢。

一九一六年七月，洪深由清華畢業。八月隻身赴滬，從這裡出發去大洋彼岸，入俄亥俄州立大學，開始六年美國留學生活。他一方面學習燒磁工程，一方面編演戲劇。二者難以兼得，他則動搖於兩者之間。

一九一七年，洪述祖難逃厄運，落網入獄。獄中給兒子寫信：囑他學業未成，不可回國。一九一九年三月，國民政府大理院判處洪述祖死刑，處決日期為四月五日，恰逢清明。老天爺似乎在跟他作對，這一日又是洪述祖六十大壽。

遠在國外的兒子接到絕筆信的那一刻，寫信人已然命赴黃泉。儘管思想上有所準備，但看到父親的筆墨，還是受到極大刺激。這事所形成心理陰影，伴隨了洪深的一生，也影響了一生。他說：「我的那次家庭變故，給我的打擊實在太大，從那個時候起，我就決定，第一，我這一輩子絕不做官；第二，我絕不跟那些上層社會的人去打交道。我要暴露他們，鞭撻他們，這樣我就只有學戲劇一條路。」（注一）

這年的夏末，二十六歲的洪深來到波士頓，進入哈佛大學，學習西方戲劇，師從著名的貝克教授。貝克開設的「戲劇編撰」課程，學號為「英文第四七」，每年有三百多學生欲投其門下，但能考中的卻少之又少。有資格讀「英文第四七」，幾乎成了令人羨慕的榮譽。洪深把自己寫的兩個劇本（《為之有室》和《回去》）寄給貝克，這位名教授錄取了他。在美國六年，洪深創作和演出了多部戲劇，和張彭春（張伯苓胞弟、教育家、外交家、早期話劇活動家）合作的《木蘭從軍》於一九二一年三月在紐約、華盛頓上演，引起轟動。除去開支，淨收入一萬美元，這讓中國留學生興奮異常！

在美國，洪深曾與一個叫艾坦的白人女子有過甜蜜的愛情。此後，他經歷了兩次婚姻。

第一次娶妻陶氏，由父母包辦，後陶氏自請離婚。第二次婚姻，新娘是福建巡撫之女余永貞。當然，這是後話。

他於一九二二年回國。在遠洋客輪上一位蔡先生聽說他是在哈佛學戲劇，便問：「你從事戲劇的目的是什麼，是想做一個紅戲子，還是想做一個中國的莎士比亞？」

洪深答：「我都不想，如果可能的話，我願做一個易卜生。」

蔡先生說：「這不是件容易的事，一向中國的優伶，都是用『妾婦之道』，取悅於人的。」

洪深沉默了。

一九一九年至一九二五年間，哈佛留學生趙元任、梅光迪、陳寅恪、衛挺生、唐鉞、湯用彤、俞大維、顧泰來、張歆海、樓光來、李濟、林語堂、吳宓等人陸續回國，「他們為民國的學術和思想開創了一個嶄新的時代，影響既深且遠」。（注二）洪深也在其內。他回到上海，找到老關係，得以在曾經工作過的南洋兄弟菸草公司上海總公司繼續供職。這樣，算是有了一份可以養家餬口的工作，而真正的熱情與志向還是戲劇、電影。當年冬季，他完成了九幕話劇《趙閻王》的初稿，雖然沒有取得自己所期待的成功，但畢竟是中國首部表現主義話劇作品。

自一九二三年起，洪深受聘於復旦大學外文系，執教英文並積極從事戲劇實踐，成立了復旦劇藝社，又加入田漢領導的南國社。一九二四年，他傾注大量心血創作搬演《少奶奶的扇子》。《少奶奶的扇子》改編自王爾德的《溫夫人的扇子》，洪深有本事能在不改動情節的前提下，用語言功夫體現當時的中國社會人物與習俗。難怪茅盾看了劇本說：「我讀了好幾遍，那對話、文字的修辭，實在是好。」演出轟動上海，盛況空前，洪深渴望已久的成功終於來到。因為抱定一個做個易卜生的決心，故而在搬演過程中，總是盡可能地把西方戲劇概念和導演制度引入中國正規話劇；從布景、燈光技術、大小道具製作、服裝設計到廣告宣傳，也都取得令人滿意的效果。當然，他也遭受過失敗。如發起組織上海戲劇運動協會，而後很快退出。

一九二五年，洪深加盟明星公司，開始把更多的精力投入到電影，出入電影棚。他為人忠厚，舉止得體，給電影同行的印象很好，兩、三年內連拍五部電影。洪深創作的《申屠氏》，取材於宋代傳奇。這是嚴格意義上的第一個中國電影文學劇本，有完整故事，有基本對話，有表情動作，還規定了場景轉換和鏡頭運用。為了能夠較好地培養演員，他和朋友又一起創辦了中國第一個電影演員訓練機構——中華電影學校。選址就在上海愛多亞路（今延安路），招收的學生裡就有當年毫不起眼、後來紅得發紫的胡蝶。應該說，洪深進入影壇舉足輕重，他堅信：電影比舞臺劇更能深入民眾，深入人心。

一九二九年，洪深加入了田漢所領導的南國社，二人在合作中產生分歧。洪深探究的是如何將西方戲劇輸入中國，田漢則是要把思想和主張直接引入戲劇。南國社的演出風格，在田漢眼裡是自然而然的事，但到了他那裡就難於接受。當然，這不影響二人的私誼。

時間來到三十年代，儘管外有日本帝國主義的虎視眈眈，內有經濟蕭條、軍閥混戰、國共摩擦等等諸多社會問題與尖銳矛盾，但中華民國真的進入了一個文學藝術蓬勃發展的黃金時代。許多知識分子和中產者以憂國憂民的情懷投入到文學、戲劇、電影、繪畫領域，表達著各自的社會理想和現實思考，湧現出許多流傳至今的作品。與此同時，以黨派為集中體現的政治力量也強力介入，國民黨加緊對思想文化領域的管理，共產黨則加緊了對這個領域的滲透，從電影到書店，從大學到社團，都有其變幻不定的身影。一九三〇年二月，洪深富於正義感、人又慷慨激昂，曾因「不怕死」事件與上海大光明影院對簿公堂。三月，中共領導的左翼作家聯盟成立。中共黨員錢杏邨（阿英）受組織的委派，爭取洪深加入左聯，後由田漢介紹加入。沒過多久，他的家成為左聯活動的一個中心，一些重要會議常以朋友聚會的形式在洪深家裡召開。九月，當局搜查了洪深的家。幾天後，上海教育局局長、老友潘公展登門拜訪，這讓洪深感到有些詫異。

笑容可掬的潘公展問道：「洪兄，別來無恙否？」

洪深說：「我的家居然被搜查了……」

「老兄有所不知呀，有道是退後一步海闊天空。」潘公展這樣回答。

洪深問：「什麼意思？莫非今天是特意來賜教於我？」

這話說準了！潘公展真心勸道：「看在我們多年交情的份上，有幾句實話告訴老兄。現在局勢緊張呀，共產黨成立了左聯，國民黨豈能等閒視之，大動干戈本是必然。你洪兄身為國民黨黨員，卻替共黨做事，豈不是把自己變成了刀俎之間的魚肉了嗎……想想看吧，你對政治了解多少，政治的殘酷性你不是不知道，還是小心為妙，不要重蹈令尊的覆轍喲！」

洪深緊鎖眉頭，帶著疑慮問：「瞧你說的，哪裡有這麼嚴重？」

潘公展點燃一支菸，又道：「老兄，生當亂世，不可造次啊，你身體不好，何不以休養為名，暫時避避風頭呢？一來可以把身體養好，二來還可以靜觀事態發展嘛。」

臨了，潘公展說：「兄弟對你盡了朋友之責，若事情嚴重了，我恐怕也是無能為力。老兄，你可要三思而行啊。」

洪深早期文集，1934年。

那時的潘公展雖已是CC系骨幹，但這個聖約翰大學畢業的高材生不是一般人，在國共衝突中，他站在國民黨方面，但在民族利益和社會交往方面，他保持了良知與人情；對洪深的勸說也是出自誠意。

潘公展的話，洪深聽進去了！一連幾天，都沒睡好。數日後，做出抉擇。十月七日，上海《申報》和《新民報》在廣告欄刊出一則〈洪深啟事〉。全文如下——

> 近來工作過勞，以致舊有之腸胃病復發，每日上課講解，固已無此氣力，無此心緒，而寓處離校頗遠，早晚奔走，長途顛頓，更以為苦焉。茲不得已從醫之囑，完全休息，在家靜養。學校方面之一切職務（講師、教授、主任、所長）均已辭謝，以謀康健之恢復，惟因近日滬上小報，間有誤會之記載，特此聲明，遍告親友。

「啟事」刊出，引起議論。洪深日子過得苦，人又有病，這是實情，但更重要的原因是他的政治恐懼症，這是父親留給兒子的沉重「遺產」。面對激烈黨爭，儘管自己與國民黨高官有往來，與共產黨幹部也頗有交往，但洪深不想靠近任何一方！唯一的準則是家人安全第一，個人生命第一，願作壁上觀。所以選擇避禍，決定引退，暫別上海──洪深的這個抉擇體現出他的高度人性與明智。行前，將自己珍貴藏書的一部分捐給復旦大學圖書館。來到家鄉，寧靜中，孤燈下，洪深寫出「農村三部曲」之一的《五奎橋》，接著，就是「農村三部曲」的第二部《香稻米》，其創作欲望被徹底喚醒。然後是「農村三部曲」的第三部《青龍潭》。當然最為轟動的，還是電影劇本《歌女紅牡丹》。寫完後，他向明星公司老闆張石川建議拍成有聲電影。那時的美國已有了蠟盤發音和片上發音技術，如要購得專利，尚需巨資。洪深就自己試驗探索，終獲成功。他創作的《歌女紅牡丹》，由胡蝶主演，說的是京劇名伶的淒婉遭遇，這是中國第一部有聲電影。後來，他又創作了《壓迫》、《香草美人》、《劫後桃花》。在《劫後桃花》裡，祝太太由舒繡文飾演，胡蝶扮演祝小姐，兩個頂級電影演員出色地傳達出山河破碎下國民的黍離之悲。鑑於有聲電影獲得極好的票房，各影片公司都爭相拍攝有聲片，洪深提議盡快到美國訂購電影器材，老闆立即同意。一九三一年六月，洪深赴美購置有聲設備。運用新器材、新技術拍攝的第一部影片是《舊時京華》，由洪深編劇、張石川導演。該片描述清末京城一個貴族家庭的悄然衰落。在此期間，又套拍他自己創作的《如此天堂》和張恨水的《啼笑因緣》。藉著在北京拍攝的間歇，洪深還帶著攝製組去看戲。他與馬連良建立了良好的關係，常向他請教京劇的一招一式。梅蘭芳也請他和攝製組到家中作客。

洪深的婚姻進入了轉折。一九三二年，夫人余永貞病逝，離世前要求丈夫允諾與幫助料理家務的鄉下姑娘常慶珍結婚。洪深思前想後，看著年幼的孩子，順從了夫人臨終前的意願，一九三三年，二人在上海登記結為夫妻。婚後，洪深把妻子更名為常青真，教她學文化，從識字開始。而成為洪太太的常青真，還是一聲聲地喊他「洪先生」。

洪深身體很差，屢犯胃病，醫生曾預言：壽命不會超過十年。這個預言對他的打擊太大。情緒時起時伏，覺得自己太累了，想退一步。一九三四年，洪深接受山東大學聘書，擔任外文系系主任，就此退出上海的所有事務，藝術的，非藝術的。九月，他在上海《戲》週刊發表〈告別戲劇界的諸位朋友〉一文，以此向朋友、同仁告別，舉家遷往青島。沒了大腕，夏衍、阿英等也退出明星公司。跟著，共產黨的電影小組宣告結束。

一九三六年，他接受中山大學的聘書，出任該校英語系系主任。全家遷往廣州。

日本侵華，全民同仇敵愾。為了興起的國防戲劇，洪深頻繁往返於穗、滬兩地。

一九三七年一月，洪深以個人名義和聲望，召集政界、學界、藝術界以及國共兩黨人士，在上海八仙橋青年會舉行座談。面對八十餘名來賓，他情緒激動，大聲疾呼，希望大家不分朝野，不分左右，放棄昔日怨仇，以全民族集體力量去救國。七月七日蘆溝橋事變，日本發動全面侵華戰爭。七月十日，中國青年黨、中華解放行動委員會、中國國家社會黨、救國會、中華職業教育社、鄉村建設派等政黨一致要求立即進行抗戰。七月十五日，中共中央向國民黨遞交《中國共產黨為公布國共合作宣言》。七月十七日，蔣介石發表「廬山談話」，表示：中國「臨到最後關頭，便只有拚全民族生命，以求國家生存」。「如果戰端一開，那就是地無分南北、年無分老幼，無論何人，皆有守土抗戰之責任、皆應抱定犧牲一切之決心。」國共兩黨再次合作。

命運中蘊涵著奇妙的關聯——國共合作的一段歲月，洪深煥發出無比的政治激情！有著國民黨老黨員和著名大學教授兩塊招牌的他精神抖擻，全身心投入抗日救亡運動，身邊人形容他「步子虎虎生威」。一九三八年初，國民政府軍事委員會政治部成立，部長陳誠，副部長周恩來，設立第三廳，主管宣傳。郭沫若任廳長，授中將銜，下設三個處。其中六處主管藝術，處下設科。洪深為第一科科長，授上校軍銜。當身著黃綠軍裝，手戴白色手套，佩著肩花，斜繫皮腰帶出現在老友面前的時候，還真把大家嚇了一跳。是的，國共合作的局面讓洪深自己也說不清這是一種什麼情緒，內心充滿興奮、輕鬆和解脫。他可以名正言順地到前線、到後方，去演出、去宣傳了。政治上可以合作，藝術上也可以合作，況且戲劇、電影以及音樂都是他拿手戲。加之生性豪爽、慷慨善良、善於交際和辭令，立即把抗戰宣傳活動搞得有聲有色。他制訂為期一週的宣傳日，其中包括歌詠日，電影日，漫畫日，戲劇日；又組織幾十萬人大遊行；繼而是十個抗敵演劇隊的成立。年華尚未老去，壯志不應消沉。然而，戰事極不樂觀，武漢三鎮淪陷，國民政府大撤退。政治部三廳撤離最晚，途中又經歷了長沙大火。洪深把三廳幾百人身家性命扛在肩上，開始了晝夜征戰，長途奔波。人員損失過半，歷經艱辛，抵達重慶。人們無不讚嘆洪深是條漢子，佩服之至。

一九三九年，形勢陡變。國民黨舉行五屆五中全會制定了「溶共、防共、限共、反共」的方針，通過了《防止異黨活動辦法》。一九四〇年，第三廳解散，這讓許多文化人不知所措，一陣驚恐慌亂之後，各自有著新的打算。人際關係變幻莫測，原本還十分要好的人，突然視為陌路，籠罩於社會的是防範與戒備。轟轟烈烈一下子變成空空洞洞，這讓敏感又重感情的洪深深感難堪和失落。太陽孤零零地照著，身邊只有風聲、鳥鳴……表面上依舊參加社會活動和社交應酬，私下裡常一個人待在家喝悶酒。在這裡，我要特別說明：洪深和左翼作家不同，不會為了革命和「舊營壘」一刀兩斷。就思想傾向而言，他比較接近夏衍、田漢為代表的左翼；但在個人情感方面，則更靠近與之長期合作的同仁、朋友以及老關係。共產黨方面很好地利用了他，但根本不了解他的心。國民黨這一方，自然是把洪深劃為激進分子，也是防範、限制。中國嚴酷的政黨鬥爭，將私人情誼幾乎完全淹沒，昔日風景隱約在目，但四周瀰漫著疏遠、淡漠與無情，這令純粹的洪深毫無心理準備，陷入了空前的孤獨，病情也加重了，胃病時常發作，還染上慢性瘧疾。加之，重慶的物價飛漲，他兩袖清風且無積蓄，即使拖著虛弱的身體和頻頻發作的牙病，從郊外趕幾十里的遠路到市中心的復旦大學去授課，收入也是杯水車薪。熬夜寫稿，借債買藥，身體徹底拖垮。冬季，他的大女兒因肺病而去世。悲傷，憂鬱，沉重和歲月不盡的悵惘，都是洪深亂世中感受到的「自我存在」。

洪深（1940 年代）

一九四一年一月，突發「皖南事變」，政治形勢更加惡化，生活越發艱難，洪深體驗著一個旅人獨行途中的困頓與嚴酷，他心緒不定，時起時伏，高漲時激昂，低沉時傷感，曾感慨地說：「活著，那是一件多麼不容易的事。」又跟朋友講：「我現在只能無聊地玩，吸菸，喝酒。」、「我簡直一個字也寫不出來。」可惜身邊的朋友未能從這樣的話裡，察覺到他的悲苦與絕望。找不到讓靈魂得以棲息的地方，終於重負把洪深推到生命的終極邊緣。一旦生的悲苦超過死的恐怖，這個人就會結束自己——他決定自殺，決定全家自殺。洪深在遺書裡寫道：「一切都無辦法，政治、事業、家庭、經濟，如此艱難，不如且歸去。」他吞下大量的奎寧，夫人喝了大半瓶紅汞，瓶底剩下的一點點給了女兒。

洪深服毒自殺，震驚山城。這是洪深！一個外在剛烈，內裡怯弱的洪深。老朋友、國民黨官員、中共身分的人都去探望他，送錢給他。所有的捐贈他一概不收。周恩來聞訊，讓張光年代為探視慰問的時候，洪深嗚嗚哭起來。對其自殺動機，左翼政治背景的人撰文說：他的自殺是因看到左翼人士受迫害，促使洪深向國民政府「屍諫」，還有文人說，他用死的方法來結束無愛婚姻——根本無須辯駁，因為這些人不懂洪深。

「皖南事變」加劇了國共兩黨的緊張關係，文化界人士有的去了香港，有的去了南洋，也有人去了延安。二月，長女病逝，他親手安葬。從三月開始，洪深帶著全家先後輾轉於廣州、桂林等地，後返四川重慶，一面授課，一面排戲，那時的重慶是國民政府的陪都。十二月三十日下午，重慶戲劇界、電影界三百餘人在百齡餐廳舉行茶會，慶賀洪深五十壽誕。國民黨成員（如張道藩）、共產黨幹部（如周恩來）、第三勢力人士（如沈鈞儒）、政府官員、坊間名人、大學教授，匯聚一堂，體現出洪深的巨大影響力和親和力。茶會由老舍主持，郭沫若頌辭。他說：洪深值得我們學習有四點：一、保養身體之健康；二、思想之深遠宏博；三、生活的艱苦；四、作品之豐富，亦為各作家中產量最盛者。自民國四年始，編導著作達六十九件之多。茶會最後，由洪深答謝。他說：回想從前，放棄化學工程而做戲劇工作是值得的，也是應該做的。

桂林影劇界人士也舉行了慶祝會，田漢、歐陽予倩等出席。柳亞子在一張宣紙上題詩：

劇國文場雙霸才，
洪郎五十氣能恢，
巴山此日開筵未？
願獻灕江作酒杯。

意猶未盡，大家又再次聚會，會上輪流聯句，成五言長詩，即席由柳亞子書就郵寄給洪深。

日本宣布投降，八年離亂，終見光明。重慶山城徹夜遊行，每個人眼裡含著淚。所有的人都急於返回家園。有錢有權的，占得海陸空各種交通工具；老牛破車則載著普通百姓踏上歸程。對此，洪深頗有感觸，決定以這樣一個「歸家途中」作戲劇背景，用十二天的工夫寫出《雞鳴早看天》。劇中，身分各異的旅人，先後走進川北公路邊的一家小旅店。他們經歷不同，習性各異，但都被擠壓在同一個空間，於是彼此就有了糾纏和故事。洪深用它演繹出戰火下國統區的社會現象、人際關係以及國民對未來的憧憬。一九四六年十月在重慶公演。後應邀改成電影。

抗戰勝利後的中國大地沒有平靜，實現和平建國成了奢望。這主要是由於國共兩黨的政治鬥爭與權力爭奪，學校則是各自擴張和滲透的重點。從教授到學生皆為爭奪對象：既有共產黨爭取過來的老師，也有國民黨拉攏的學生。政治熱情蓋過學習興趣，內鬥的苗頭無處不在，有如驅不散的煙霧瀰漫校園，且一點即燃。洪深就有過這樣一次因政治對立而劍拔弩張的經歷：那是一九四六年的三月二日（即政治協商會議閉幕之後），重慶復旦大學有個華僑學生叫莊明三。他在學校壁報上撰寫文章，對一次反蘇遊行的內幕做一些揭發，當即被有國民黨政治傾向的學生架到大禮堂審問——

「你是不是漢奸？」

「你是不是共產黨？」

「你一個月拿多少津貼？」

莊明三一一作答，禮堂內外擠滿了人，訓導長和總務長聞訊趕來，他們有能力制止這種非法審訊，但是看到如此窮凶極惡，該講的話不講了，默默地站在一旁。多數同學也是隔岸觀火，就這樣搞了一、兩個小時。其中一個學生叫喊：「我們把他罰跪一個小時，再來審！」於是把莊明三拖出大禮堂。

「不要侮辱同學！」一個女同學憤怒地喊了一句，這是同學中發出的唯一的正義聲音，但立刻遭到辱罵。

有同學去找教授，覺得只有教授才敢出來講話。修辭學家陳○○被人找到了，請他出來。但他拒絕了。說：「這個時候，我不能講話。」

令人敬佩的法學院院長張○○被找到了。他走到登輝堂前，見同學中有人如此叫囂，沒說一句，掉頭就走。

潘震亞教授從另外一個方向來了。他去拉匍匐在地的同學，說：「你們這樣做不合法呀！」又說：「你們這不是侮辱他，是侮辱你們自己，侮辱復旦呀！」

「不關你的事！」

「老糊塗滾蛋！」

施虐的同學對教授也這樣無禮，潘震亞含淚離去。

這時洪深從參考室出來，正要經過課堂回家，登輝堂前的人聲和人群引起他的注意。他提著打字機到傳達室問同學發生了什麼事？

「同學罰同學跪。」

「罰跪？」洪深驚奇又憤怒：「跪在什麼地方？」

「在場子上。」

洪深跑到廣場，沒看見那跪地的同學，急躁地問：「人在哪裡？」

「跪在中間。」同學們指著正中的花壇。

他奔過去，看見了跪地的同學。洪深沒說一句話，便跑到總務長的房間，見訓導長、總務長和其他職員都在那裡。

「這是你准學生幹的？你為什麼不帶到訓導處去處理？」洪深聲色俱厲地問訓導長。

外面的鬧事同學聽到洪深的問話，叫喊起來：「這不是你的事，你不要管！」

「你洪深，王八蛋！」

洪深聽後，把半個身子伸出窗外：「跪下的同學站起來！」他揚起手臂，憤怒地高喊：「哪敢叫他跪？哪個敢叫他跪！」

有人受到鼓舞，鼓起勇氣去拉那個已經蜷伏在地的同學。施暴的學生跳起來叫罵：「洪深，漢奸！」

「打那個王八蛋，打漢奸！」

「你是共產黨！」

叫囂的學生多了起來，有十幾個。洪深扶著窗口，從容地脫下皮帽和眼鏡。大聲道：「我是洪深，我是國民黨員，我在民國十四年就加入了國民黨的。你們要打就來打，我不怕，充其量把復旦打垮！」

囂張的學生開始向總務長室衝鋒，一些職員和學生奮力把房門關上。於是，他們把磚石擲向房內——「嘩啦啦啦」玻璃窗被砸得粉碎。他們跨過窗戶，不顧一切地毆打洪深。在撕扯中，洪深由幾個職員和學生擁著，衝出房門。

當晚，許多教授和學生趕到洪深家中去慰問，表達心中憤怒與關切。洪深動情地說：「當時我看見那位同學伏在地下，沒有看見他的臉，還有一個帶槍的兵守在他的旁邊，我立刻就想起槍斃人的情形了。假如那時候我不聞不問，提著打字機走過，我覺得這才是恥辱，我一輩子都會不安。他們當時叫『打』，我並不怕，就是打死，我也要說話的——讀聖賢書，所為何事？」（注三）

洪深的身體受到嚴重損傷，後腦神經炎和兩耳失聰症加劇。忍無可忍的他向學校提出辭職。事情傳出，引起公憤，教授簽名罷教，學生集會罷課。在社會壓力下，復旦大學校方留住洪深，開除了肇事首要分子。

歷史在很多的時候並不偉大，恰恰是由人性中的弱點構成的。

七月，帶著憂傷和希望，洪深登上飛機，告別霧都，隨著復旦大學遷回上海。

上海，這座他熟悉的城市一下子似乎老了許多，原來的街巷失去戰前的繁華，經濟陷入混亂，市民生活困頓。洪深感慨道：「除了電車還在軌道上行駛而外，什麼都脫了軌。」為了一家人的生計，他一面在復旦大學執教，一面在上海市立戲劇學校兼課，全家老小擠進亭子間。中旬，傳來李公樸、聞一多被槍殺的噩耗。李公樸是他的同鄉，同為江蘇武進人；聞一多是他的清華校友，二人在各自領域均有所建樹。萬萬沒有想到尚未迎來戰後重逢的喜悅，即跌入痛悼亡友的哀傷。七月十九日，他與郭沫若、茅盾、胡風、許廣平等十三人為「聞、李血案」聯名致電聯合國人權保障委員會，希望聯合國官員能關注中國正在發生的事態，請立即派遣調查團來華。十月四日，上海各界五千餘人在天蟾舞臺舉行大型集會，悼念聞、李二烈士。會上，洪深擔任司儀。會前，他對學生們說：「我準備做聞一多第二！」

日子過得很快，冬季來臨。飛漲的物價，令洪深一家的日子越發艱辛。一天，他拿著五元錢去一家小店買東西，花了一元，等店家找，誰知店家見此人書生模樣，覺得好欺負，於是賴帳，洪深發火了。

店內並無他人，店家厚著臉皮，說：「你說是五元錢，誰看見了？誰做證明呀？」洪深氣極，一邊大聲爭辯，一邊拍著櫃檯。也許用力過猛，把櫃檯的玻璃拍碎。

這下子店家急了，拉住洪深不放，要他賠償。

這回洪深笑了，不緊不慢地說：「誰看見了？誰做證明呀？」店家傻了眼。

洪深說：「那四元錢我不要了，留著修玻璃吧。」

返家途中，洪深為這樣一個世風日下、秩序混亂的社會深感悲哀。他緊裹大衣，滿心惆悵地到了家。進了門，就感到胃部異常疼痛。人倒在床上，眼望天花板。自語道：「活著，而不是苟活，那是一件多麼不易的事呀。」

因胃痛頻頻發作且加劇，他去了醫院。經檢查，醫生在診斷書上寫了Cancer一詞，洪深大驚。醫生見他懂英文，便不再隱瞞。說：「你得了胃癌，注意加強營養，好好休息吧，你的生命大概還有四年。」晴天霹靂！一路上思前想後，他撕碎了診斷書，對家人隱瞞了病情，繼續教學和寫作。劇烈的胃痛發作如利刃穿胸，即使如此，也是心有不甘，往事在眼前閃過，他反覆自問：「難道我已走到人生的邊緣？不，這怎麼可能？」

他要活，要好好活！

一九四七年，在中共組織下發生了「五二〇事件」。南京、上海、蘇州、杭州等地區十六所大專院校學生六千人在南京組成請願團，舉行遊行示威，提出「反飢餓、反內戰、反迫害」的口號，遭軍警鎮壓，打傷百餘人，重傷十九人，二十多人被捕。洪深站在學生一方，約集陳望道等教授前往醫院慰問被打學生。從醫院回來迅速擬定「罷教宣言」，他要找上海市長吳國楨（清華校友、留美學生）談談，要求其親自下令撤下包圍學校的軍警。為此，洪深獨自一人黑夜走上由寧返滬的公路。正巧背後來了一輛美式軍車，洪深當路一攔，車未停穩，他就跳了上去。美軍司機不准他搭車，洪深便用流利英語與之交涉。

司機大惑：「你剛從美國回來嗎？」

洪深大笑：「我早先在哈佛留學。」

「哈佛？OK！」

軍車拉著他，一路飛奔。

吳國楨不但沒有下令解除學生與軍警的對峙局面，反而把洪深扣押在江灣警察局，幾小時後放出。洪深回家後，趕緊買了許多麵包，帶給被圍困的學生，他還把被盯梢的學生掩藏在自己的家裡。這些做法為官府所不容，校方也承受著巨大壓力。面對這樣一個無法進退的局面，洪深選擇：離開。離開復旦，就是失去工作，失去工作馬上面臨生計問題。一家六口遷出教授小樓，三歲半的小兒子不幸患病。一個月的收入還不夠三、五天的藥費。他節衣縮食，債臺高築，經診斷孩子患的是結核腦膜炎，極難治癒。基本無藥可醫。

一天，衰弱的孩子想吃個桔子。他睜大了眼睛，對床前站著的洪深說：「爸爸，我看見了桔子，很多，很多……」

沒有桔子！洪深抱起孩子，想對他說點什麼，然而，孩子的頭垂在爸爸的肩上，再也不動了。三歲半，走完了一生。人活亂世，當有一些胸襟和氣魄。但一次次的痛——抗戰時失去女兒；抗戰勝利失去兒子。日子有傷，心靈有痕，自己已面臨絕境。他對學生說：「Life is a tragedy（人生是悲劇）。」又曾把呂留良的詩句：「苟全始信談何易，餓死今知事不難。」抄寫下來，貼在家門。名教授，也是窮教授。

《劫後桃花》海報，1935年。

一九四八年三月，他接受廈門大學邀請，執教外文系，算是過了一段相對平靜的生活。以個人行為獨自面對社會！孜孜於創作，致力於理論，又念念不忘教學和著述。有人統計：洪深寫過三十六個電影劇本，四十四個話劇劇本，做過五十九部電影／話劇之導演，出過十本書，四十篇論文，開創過十個副刊雜誌，在六所著名大學教書，曹禺、馬彥祥、謝晉等都是他的學生，培養出巨星胡蝶……

若問：洪深是什麼人？

我說：他是一個知識分子。

經過遼瀋戰役、淮海戰役、平津戰役，蔣氏政權潰敗，中共勝利在握。毛澤東開始運作召開新政協會議，宣稱成立一個接納各方政治派別與各界名人的聯合政府。一九四八年九月二十日，周恩來擬定邀請從滬、港和長江以南前來解放區商討召開新政協的各民主黨派及無黨派人士名單，其中有李濟深、蔡廷鍇、張瀾、沈鈞儒、譚平山、章伯鈞、郭沫若、黃炎培、馬敘倫、何香凝、史良、柳亞子、茅盾、洪深等七十七人。周恩來具體指示：各方人士須於今冬明春全部進入解放區「方為合適」。「北來人士，擬先集中哈爾濱招待商談；華北人士如直進解放區，則集中華北。視戰事發展，明春或來華北，或即在哈市召開新政協。」（注四）十二月二十六日晚，馬寅初、翦伯贊、章伯鈞、柳亞子、彭澤民、章乃器、洪深等民主人士、文化名人共三十餘人，在香港登上蘇聯客輪「阿爾丹」號。經過十二天海上顛簸，到達大連港，後赴哈爾濱，下榻中共中央東北局招待所，即馬迭爾賓館。因形勢發展迅速，原定在哈爾濱召開的新政協，改在北平。現在你若去哈爾濱出差，可以到知名的馬迭爾賓館看看。他們曾經住過的房間都收拾得極為簡潔，門上用銅牌刻寫著他們的名字，從宋慶齡開始……

一九四九年二月，洪深與眾多民主人士轉赴北平，下榻北京飯店。根據章乃器記事本所載，他們所住的房間號碼如下：翦伯贊二〇一室，侯外廬二〇二室，彭澤民二一二室，章伯鈞二一四室，蔡廷鍇二一五室，田漢二一七室，洪深二一八室，郭沫若二一九室，譚平山、沙千里二二〇室，千家駒二二九室。

洪深和章伯鈞都在二層又相隔不遠。要有空閒，兩個人就聊天，從留學生涯說到前朝逸事。父親對洪深非常欣賞，無論是出身、學歷，還是談吐、儀表。以後數年，二人常一起參加重大外事活動，那時的洪深擔任中央文化部對外聯絡局副局長。讓他擔任這個職

青徽學兄：

甘新目前不能去，理由非函中所能詳述，同時當再面告。大函謂應陳二公允留，校事有穩定望，何不遵從校長之勸，再留一年；且諸兄取得專科畢業資格，於將來工作，亦有便利也。故部訓練班事体繁重，第一個學期，弟決無回江安可能；第二學期，或可兼課六星期。維持劇校，為大家厥望，不僅余蕭先生如此，即弟上沅校長亦希冀者，亦誠懇地如此表示；故如劇校不生動搖，而不至完全找請不到專家如孟肴白塵鯉庭諸兄，校長及家齊兄或已有妥善方法，弟在此忙甚，且亦毋庸越俎代謀耳。諸兄還以萬分慎重為上策，諺云一動不如一靜，務祈多多考慮也。弟大約月底回江安接家眷，如出差飛桂林昆明，則須在七月中旬矣。

即請

學安

弟 洪深啟 卅二、六、十七。

洪深信札，寄梅堂提供。

務，周恩來無非看中他學識淵博，見多識廣，風度翩翩，出色的辦事能力，社交能力，滔滔不絕的口才以及能讓外國人都驚嘆的美式英語。但父親覺得這個官差（還是個副職）多少委屈了他。一次，為了接待一個東歐國家龐大的部隊文工團來京演出，洪深特地給接待人員開辦速成學習班，自任教師，手把手教他們如何用刀叉，如何注意禮節，如何使用外交辭令……這「活兒」幾乎把他累趴下。

四月，洪深出席世界保衛和平大會，郭沫若任團長。在火車上洪深提議大家討論與外國人見面的禮節與宴會應怎樣處理的問題，成員基本都是大腕兒。程硯秋認為應該講究禮節，尤其這是代表中國的團體。丁玲立即反對，說：「我們是土包子！外國共產黨也是這樣。」洪深見丁玲這樣表示，便不敢堅持，只好說：「各自自理好了。」

一路上，程硯秋覺得能和洪深在一起，機會難得。一天，洪深、徐悲鴻、程硯秋三人在車廂裡談起戲曲。徐悲鴻說，他在德、法、俄、英看戲，都沒有他曾經看過的《單刀會》讓人永久不忘。程硯秋除了介紹京劇老劇目以外，還向洪深談及解放區創作的《白毛女》、《赤葉河》，覺得《赤葉河》較《白毛女》好。洪深聽後，淡淡地說：「都是秧歌劇。我看沒什麼了

洪深（1950 年代）

不得。」這話給程硯秋留下很深的印象，他寫到日記裡。（注五）

這一年，新政協籌備會召開。洪深作為代表走進中南海勤政殿，出席新政協籌備會的開幕式。我看了那份一百三十四人代表名單。他們分別來自二十三個單位。章伯鈞是中國民主同盟七人代表之一（沈鈞儒、張瀾、張東蓀、羅隆基、楚圖南、周新民）。洪深不在文化界，是以民主教授身分出席的。民主教授也為七人，除了洪深，還有張奚若、許德珩等。

一九五四年十二月，洪深率中國文化代表團出訪東歐三國，行程未完，人就病了：胸部劇痛，憋悶。

一九五五年二月住進醫院，確診為肺癌，晚期。父親聞訊立即探望。回家後臉色陰沉，吃不下飯，夾了兩筷子就回到書房。

四月，中央文化部舉辦紀念梅蘭芳、周信芳舞臺生活五十年慶祝活動，洪深也許知道來日無多，也許是出於對梅、周的推崇——「他希望安排一場『三馬同臺』（三人皆屬馬），要和周信芳、梅蘭芳同臺演出一場京戲《審頭刺湯》。」、「他如此病重，怎麼還能登臺演出？但又不敢對他直言……但洪深執意如此。」（注六）

京劇《審頭刺湯》在鑼鼓聲中開場，梅蘭芳扮演雪豔，周信芳扮演陸炳，洪深扮演湯勤。三人同心協力，臺下熱烈喝彩。來日無多的人間光陰才是最致命的，都知道：這是絕唱，也是訣別。

六月，洪深扶病南行，要去上海，故地重遊。女作家趙清閣請他家中作客，洪深要求喝老酒，吃蹄膀。趙清閣「擰」不過他，一一端上。

飯畢，已是萬家燈火，洪深起身告辭。趙清閣送至樓下門口。

洪深說：「送我到弄堂口吧，也許這是最後一次，我不會再來了。」

他又去上海天馬電影廠，說想看看攝影棚。被門衛攔下。

洪深笑了笑，自我介紹：「我想進去看看，可以嗎？我是洪深呀！」

門衛說：「洪深，洪深是誰？你走開吧。」

過盡千帆，終點無法改變。七月，病重的洪深在病榻上用顫抖的手給周恩來寫信，希望死後能追認為中共黨員。

不到一個月，病情急轉直下，周恩來聞訊趕到醫院。洪深不放心的，已不是能否入黨，而是他的妻子和孩子今後的生活。王爾德曾說：「除了才華，我一無所有。」洪深很像王爾德。

周恩來緊握他的手，表示：請他放心，他的妻子和孩子，黨一定會照顧好。

周恩來走後，洪深隨即拔掉氧氣管，結束了所有的痛苦，結束了生命。那天是一九五五年八月二十九日。

慷慨長歌，寂寥短吟。洪深是寂寞的，無論生前，還是死後。有一本中國電影史教材裡，索性將他歸類為「新知識分子」。在後來的中國當代電影史論著作裡，有關夏衍、田漢以及蔡楚生的文章很多很充分，溢美之詞比比皆是。洪深的分量很輕，也少，看著像是個「外圍」。而我要說：「凡認識你的，必為你驚奇。」

如今的戲劇電影已是繽紛豔逸，誰能了解那個以血相交的一代？

北京守愚齋

二〇二〇年冬——二〇二一春夏

（以上照片未注明出處者來自百度）

注釋

注一：〈馬彥祥與陳美英的談話〉，一九八一年春錄音。見陳美英、宋寶珍，《洪深傳》，北京：文化藝術出版社，一九九六，頁三九。
注二：余英時，《余英時回憶錄》，臺北：允晨文化，二〇一八，頁二〇〇。
注三：《人物雜誌》民國三十五年第四期，鄭北田撰稿：重慶人物雜誌社出版一九四六年版。
注四：《周恩來年譜》送審本第四冊，一九八八年七月，頁三一八。
注五：程永江編撰，《程硯秋史事長編》下冊，北京：北京出版社，二〇〇〇年版，頁五七一。
注六：陽翰笙，〈懷念洪深同志〉，見《洪深：回憶洪深專輯》，北京：中國文史出版社，一九九一。

參考資料

＊陳美英、宋寶珍，《洪深傳》，北京：文化藝術出版社，一九九六。
＊焦雄屏，《映像中國》，臺北：蓋亞文化，二〇一八。
＊《洪深：回憶洪深專輯》，北京：中國文史出版社，一九九一。

人稱「半部近代史」

——左舜生的故事

左舜生肖像

人生節點

一九一三　上海震旦大學法文系

一九一九　與曾琦、惲代英、毛澤東、張國燾、李大釗、張聞天、鄧中夏、李璜、陳啟天、羅家倫等發起組織少年中國學會，並任《少年中國》主編

一九二五　加入中國青年黨

一九三五　任中國青年黨中央執行委員會委員長

一九四一　發起成立中國民主同盟，擔任祕書長

一九四七　任國民政府農林部部長

一九四九　攜全家赴臺，後定居香港

一九六九　返臺旋病逝臺灣，享年七十六歲

百度稱其為黨魁，學者，名士。

左舜生，湖南長沙人，別號仲平。一八九三年十月十三日，出生在湖南長沙。祖父是個舉人，父親曾在家設館教徒。他四歲識字，五歲讀詩，八歲入私塾，自幼聰穎過人，興趣廣泛，在長沙官立第十八初等小學就讀期間，看的小說劇本就多達三百餘種。考入長邑高等小學，開始瀏覽新的書報，即對「立憲」、「革命」等政治詞語大感興趣。一九一三年，左舜生隻身來到上海，考入震旦，與曾琦、李璜同住一間宿舍。從那時起，三人不但有著共同的志向，且結下終生不渝的友誼。一九一九年初，左舜生加入「少年中國學會」。第二年，進入中華書局編譯所，任新書部主任。他精神抖擻，意氣風發，陸續編輯出版「新文化叢書」、「教育叢書」、「少年中國學會叢書」，又主編《中華教育界》、《少年中國》、《少年世界》等月刊，那時的左舜生可謂「士林爭相結納」，名聲大振。

從前的讀書人科考，遊幕，為宦，所謂人生，不過爾爾。時代的車輪進入了清末民初，朝綱鬆動，文人開始尋求新的風景。比如留學，比如辦報，比如組黨。孫中山等人搞了個國民黨；陳獨秀等人組建了共產黨；鄧演達成立了中華革命行動委員會（人稱第三黨）；張君勱組建了國家社會黨（國社黨）。一九二三年十二月，曾琦、李璜、左舜生等人在巴黎成立了中國青年黨。青年黨奉行理性主義，認為階級鬥爭，不適於中國環境，從事文化運動，又不能一時收救國之效。他們主張全民革命，打倒軍閥，實行民治，實現國家主義。

第二年的雙十節，左舜生在上海創辦《醒獅週報》，創刊號文章即不同凡響，顯示出這個政黨的英雄思想、報國熱情以及對共產主義的猛烈抨擊。

左舜生政治眼光敏銳，撰寫時政評論及時有力，辦事能力又強，加之樂於助人。時代險惡之際，人的稟性及能力或許有著更多的展示機會，這些不同於他人的特點與特長，使他很快脫穎而出。連蔣介石都託人帶話，希望與他面談，見了一次不夠，還要再談。會面後，彼此都留下深刻的印象：左舜生認為蔣是「當前一位了不起的人物」。蔣則讚許他「思深慮遠，至切欽佩」。

一九三六年，左舜生首次赴日考察，接觸朝野人士後，深信中日一戰，絕無可免，回國後，即力促國人備戰。不久，中日戰爭爆發，國民政府成立的「國民參政會」是最高民意機構。這個機構將各黨派頭面人物皆網羅在內，左舜生是參政會的主要參與者。開大會的時候，他是大會主席團主席；閉會期間，他是最為重要的駐會委員。精神層面的事總是遙遠的，物質層面的事又近在眼前。就在這「遠」與「近」之間，左舜生用雙腳走出一條從政之路，實踐經歷豐厚又扎實，數十年間中國發生的重大事件及其發展變化，眾多人物、各種角色彼此之間的關係，因其直接參與而熟知原委及內情，說他是「半部近代史」，實不為過。

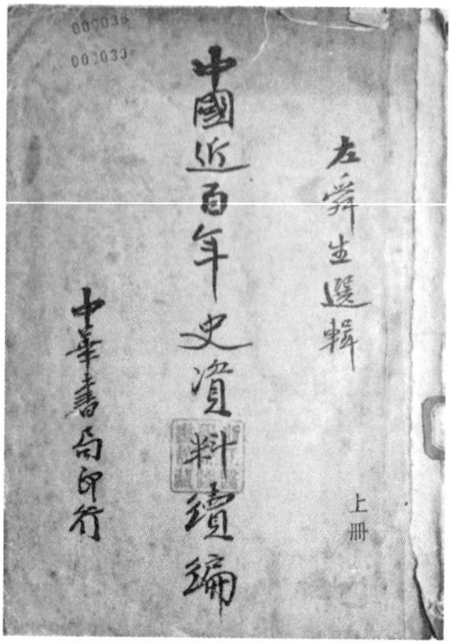

左舜生 1938 年出版物，
私人收藏。

左舜生另一個重要特點也是不可低估，那就是他畢生致力於中國近（現）代史的研究，回溯過去，躬耕現在，關懷未來，研究成果極為可觀。據我所知，有《近代中英外交關係小史》、《近代中日外交關係小史》、《辛亥革命小史》、《中國近百年史資料》、《中國現代名人軼事》、《近三十年見聞雜記》、《中國近代史四講》、《中國近代史話》、《文史史話及批評》、《黃興評傳》、《萬竹樓隨筆》等著述，確立了他在近代史研究領域的地位。研究與親歷，思考與行動，二者集於一身，加之勤奮和才氣，成就了左舜生在政治領域和史學領域的獨特成就，所以史學界把他與李劍農、蔣廷黻稱為中國近代史研究的三大先驅。

你可以成為國民黨要員，你可以成為共產黨高官，你可以是學者、教授或作家，但你成不了左舜生。就是這樣！

父親與左舜生的交往，緣於成立民主同盟。

事情的開端大概是這樣的──一九四〇年十二月二十四日清晨，梁漱溟在報上看到國民政府公布的第二屆國民參政會人選名單，發現：「既於名額一再擴充，而上屆在選之黨外人士或敢言之士摒除不少（沈鈞儒、章伯鈞、陶行知、鄒韜奮等都被排除），殊失人望。」（注一）早飯後，他急忙來到張君勱住處，恰好左舜生、黃炎培也在那裡。他們「彼此感慨同深，遂發同盟之議，四人自晨至暮，議論整日，多所決定」。（注二）之後，黃炎培又約職教社的冷御秋、江問漁來。他們對同盟之議一致認同，並共商定名為「中國民主政團同盟」。

以上幾人，分別歸屬於青年黨，國社黨，鄉村建設協會，中華職教社。接著，梁漱溟把發起民盟的事告訴了章伯鈞，章伯鈞欣然同意，這樣他所領導中華民族解放行動委員會（人稱第三黨）也加入進來，後來被人們稱為「三黨三派」。至於救國會，大家認為它與中共關係太密切了，如有它的加入，民盟就有「外圍組織之外圍」的嫌疑。於是，決定救國會暫緩加入。對於張瀾，認為他是長者，有聲望，但無黨派關係。籌備時可無他，及至成立之時可由梁漱溟再去請他加入。一個政黨、一場榮耀，就由梁、黃、張、左、章，這幾個高士能人一日之內確立下來。鳥在樹上，花在枝上，事情的發展就是這樣地神奇又自然。

也就在當天，消息靈通的周恩來得知「民盟」成立消息。他和董必武立即寫了一份〈關於皖南事變後各小黨派動向給中共中央的報告〉，報告寫道：「『江南』慘變發生後，中間人士及中間派對國民黨大失望，痛感自由民主與反內戰而團結之必要，章伯鈞、左舜生等擬發起成立民主聯合會，以團結各黨派以及國民黨左派……」第二天（十二月二十五日）下午，周恩來與黃炎培、張君勱、左舜生、梁漱溟、沈鈞儒、鄒韜奮、張申府來到章伯鈞家中會談。會談的結果是大家一致認為：調解國共關係，必須有第三者的明確立場和主張，於是積極醞釀籌建民主政團同盟。

關於民主政團同盟的成立，左舜生有自己的分析。他說：「中國民主政團同盟是民國三十年發起的。其直接的動機，係由於政府將若干不必除名的參政員一律除名了，大家覺得與團結抗日的宗旨不合，與推進民主的政治也有不符，因此才發起這樣一個團體，以表示抗議。同時也覺得國共兩黨間的摩擦一天天趨於深刻，也必須有這樣一個緩衝力量，以保持對外陣容的一致。最初參加發起的，僅張君勱、梁漱溟、黃炎培、章伯鈞和我五六個人，救國會的分子並不在內。」（注三）

構成民盟的幾個黨派，原本就是走中間路線的改良派。章伯鈞所在的第三黨，從成

左起：羅隆基、沈鈞儒、張瀾、左舜生、史良、章伯鈞。

立之初就反對一黨專政，反對暴力革命。國社黨創始人張君勱深受改良主義思想影響，認為一黨專制是「製造革命，醞釀混亂」的根源。左舜生領導的青年黨認為他們的黨是「在夾攻中繼續奮鬥，一面反共，一面反對黨治」。職教社和鄉建派也都是溫和的改良派。由這些黨派合成的民盟，有的中間偏左，有的中間偏右，有時的言論或與國民黨接近，有時又靠近中共，但走中間路線，則是絕對的。而這個絕對因素才是民盟成立之根本。

一九四一年三月十九日，中國民主政團同盟成立大會在重慶上清寺「特園」召開。會議通過了中國民主政團同盟的政綱、宣言和簡章；推選黃炎培、梁漱溟、章伯鈞、左舜生、張君勱、張瀾、羅隆基、李璜、江恆源、冷遹、丘哲、林可璣、楊庚陶等十三人為中央執行委員；黃炎培、梁漱溟、章伯鈞、左舜生、張君勱為中央常務委員；推黃炎培為中央常務委員會主席，左舜生為祕書長，章伯鈞為組織部長，羅隆基為宣傳部長。從此，中國民主政團同盟祕密成立。

左舜生擔任民盟祕書長，肯出力，能辦事。可貴的是——對這樣一個組織化的自由主義知識分子集合體，他保持了清醒，認為這樣一些非國非共人士，知道「一旦抗戰結束，緊接著的便是國共兩黨大規模的武裝衝突，這樣一場惡戰，可能鬧到兵連禍結，陷整個國家於萬劫不復。同時，他們也知道：無論絕對的勝利歸於國共的任何一方，中國即將不復會有真正的民主，因為他們了解國共兩黨的政治形式與原理，實際都導源於蘇聯，他們同樣醉心一黨專政，即令在一方獨裁以後，仍可能採取若干敷衍民主的手段，但實際上將是毫不相干。基於避免戰爭與維護民主這兩個觀念，於是這樣一群非國非共有黨無黨的人士乃團結起來，其目的在於國共兩黨以外，造成一個像樣子緩衝勢力，把國共兩方向同時拖上民主黨的軌道，以多黨聯合方式，來從事戰後的建設。這便是抗戰後期，一個新興政治集團名叫『民主政團同盟』的組織由來」。「民盟初起的時候人數不多，但它所負的使命相當重要，因之一經開始活動，即立刻引起國共兩方的非常注意。國民黨始而是猜疑，討厭，隨後即置之不理，這個組織將會發生怎樣的作用，是國民黨所不要理解的。中共雖然也不樂於有這種中間組織，但到某一時期，某種場合，這個集團可能有它相當的作用，中共是知道的，因此不惜接近，打入而加以分化，使之偏左而收為己用。」（注四）讀了這段講話，你就知道為什麼在那個時期，左舜生的言行受到朝野關注，且稱譽於時。

同年十月，由張瀾接任主席後，即力主接納救國會。一九四二年一月，張瀾主持中央執行委員會，討論通過了邀請沈鈞儒等救國會成員入盟的決定。一九四四年，中國民主政團同盟改為中國民主同盟。自接納救國會，民盟即被中共滲透。對此左舜生態度決絕，他和青年黨全體退出。誰堅持走中間道路？是他！

時間進入一九四五年，抗日戰爭取得絕對性勝利的同時，國共兩黨問題突顯。四月，毛澤東在中共「七大」會上作〈論聯合政府〉報告，提出立即廢止國民黨一黨專政，成立一個由國民黨、共產黨、民主同盟和無黨無派分子的人物聯合組成的臨時的中央政府。

五月上旬，國民黨在重慶召開「六大」會議上，拒絕了中共建立聯合政府的建議。六月二日，中共參政員宣布拒絕出席七月召開的第四屆參政會——兩黨鬥法，有來有往，鑑於關係驟然緊張。這時，國民黨元老褚輔成和民盟中央常委黃炎培提出了一個訪問

右起：毛澤東、黃炎培、褚輔成、章伯鈞、冷遹、傅斯年、左舜生、朱德、周恩來。

延安的設想。章伯鈞表示贊同，他還請民盟中央祕書長左舜生，民盟中央委員冷遹加入，一同去延安訪問。當日，褚輔成、黃炎培、章伯鈞、冷遹、王雲五、傅斯年、左舜生七位參政員致電延安毛澤東、周恩來，表達這一意向。

六月二十六日，七位參政員收到毛澤東、周恩來覆電。十時，他們會商於國府路三〇九號中央研究院，對國共團結問題提出三點意見：一、希望由政府迅速召開政治會議；二、一切問題交政治會議解決；三、會議前政府先自動實現若干改善政治的措施。他們按程序辦事：一致決定由左舜生起草，作書致蔣主席，由邵力子代陳，俟同意後偕赴延安。

翌日，七人再聚於中央研究院，王世傑、邵力子亦到。王世傑力言：「昨函如送領袖，必大遭怫怒，眾意如此，延安行作罷是了。」十時，七人同訪美大使赫爾利，談了一小時半，大使表示以後只需雙方願意他參加，他還可以如前努力。這話，聰明人一聽就懂了。辭出後，準備散夥，黃炎培不以為然，說：「撞壁須撞到壁，今壁尚未見，僅憑旁人預測勢將撞壁，便放手了，豈為合理。力主下午見蔣主席，面陳函中意。」（注五）

下午四點半，七人見蔣主席，王世傑、邵力子陪坐。褚輔成表述了公意。

六月二十九日，他們獲得通知，准予七月一日啟程飛赴延安。

七月一日八時，褚輔成、黃炎培、章伯鈞、冷遹、傅斯年、左舜生六個參政員乘機飛赴延安，毛澤東、朱德、周恩來、張聞天等到機場迎接。機場上有二、三百個老百姓遠遠地站著，有幾個小孩，看見毛澤東走來了，高舉右手喊：「毛主席！」左舜生的感受是——「見到這位二十年前的老友，沒有想到他居然有了這一股子神氣，看了那樣一種排場，在我腦子裡忽然聯想到另外一位老朋友——宋公明先生！」（注六）

歡迎儀式完畢，一部舊客車把他們送到十八路軍總部的一間客室，歡迎的人員也都先後趕來。十八路軍參謀長葉劍英提著一把開水壺，繞室一周，沖茶敬客。午餐後，送至邊區公署招待所休息。

第二天（七月二日）下午，六位參政員和毛澤東、朱德、周恩來、林伯渠、張聞天、任弼時、王若飛舉行正式會談。左舜生對這第一次會談概括如下：「除談到國共以往交涉經過由周恩來補充幾句，談到軍事方面由朱德補充幾句以外，其餘時間都由毛澤東發言，十足表現一種獨裁的氣概。雙方所談均非常廣泛，共方更附帶發了不少牢騷，沒有做出任何結論。」（注七）他們還禮節性拜訪毛澤東，中共中央設宴招待六參政員，並舉行歡迎晚會。李富春主持會議，周恩來致歡迎詞，黃炎培、左舜生講了話。

「隔兩天又舉行了一回。這次卻比較正式一點，有紀錄，有結論，但無非就政治民主化、軍隊國家化這類原則上立言，既不實際，也不具體，所以雙方並沒有發生任何爭執。大概毛澤東也知道我們只是來『探行情』，絕不是來『講生意』，所以我們的正式會談很輕鬆的便閉了幕。回到重慶以後，這份談話紀錄，由褚慧僧很鄭重的交給了蔣先生，可是並沒有任何影響，既沒有被駁回，也沒有被採納。」（注八）

應該說，中共是把這些參政員視為貴客。第一天抵達延安，人還沒來得及休息，毛澤東便派人帶來了一個裁縫，說：「延安天氣不比重慶，中午雖然頗熱，晚間卻要蓋被，各位帶來衣服不多，恐怕要受涼，所以叫裁縫為各位做一套夾衣。」夾衣要一、兩天才能做好，又預先為他們每人配給一件毛線短衫。據說織衣的毛線和做衣的呢子，都是延安土產。因為朱德和父親曾一起在德國留學。他本人還特意送給父親一塊粗毛毯，也是延安手工自製。

七月四日，即在離開延安的前一天，毛澤東特別要周恩來通知左舜生和章伯鈞，邀請二人到他的私人住所吃午飯，做竟日之談。父親後來對我說：「老毛和老左是老友，我不過是陪客。」左舜生的延安行，原本就有研究毛澤東這個人的目的。既有此機會，自是欣然前往。這次「竟日之談」在他後來寫的《近三十年見聞雜記》一書有詳細且生動的記述——

毛住在延安城外的延園（原名棗園，不久前才改的）。這一天除毛和我們兩個客人以外，還有周恩來和朱德。從早上九、十點左右談起，一直談到下午四、五點左右才走。可真算的是一次長談。談話的內容廣泛，甚至連《水滸》和《紅樓夢》，乃至我的《萬竹樓筆記》，毛也發表了他的批評。朱德也說了不少的話，我是始終覺得他是一個老實又樸素的軍人，貌似李德鄰，而穩重過之。談道時局問題。毛很激越的說：「蔣先生總以為天無二日，民無二主，我『不信邪』，偏要出兩個太陽給他看！」談到美國，他說：「我這幾條爛槍，既可同日本人打，也就可以和美國人打。第一步我要把赫爾利趕走了再說。」毛有這一股子湖南人的蠻勁，我是早知道的，所以並不覺得奇怪。我以一種輕描淡寫的態度對他說：「假定蔣先生約你到重慶去談談，你去不去呢？」「只要他有電報給我，我有什麼不去？」

他回答得很爽快，很自然。後來他居然到重慶去演了一齣《黃鶴樓》，雖然赫爾利做了他的「趙子龍」，張治中做了他的「魯子敬」，但最初的動機，也許是由於我這個無意中的提議……（注九）

「偏要出兩個太陽給他看！」——這個談話就像長了翅膀一樣滿天撲騰，上下皆知，人們不禁議論起來，議論的中心是毛澤東和他的政治野心。

左舜生在延安會見了一些朋友，其中有秦邦憲（即博古），他任延安《解放日報》社長，這是延安唯一的報紙，每天午後出版一大張，內容單調。左舜生說：「他們辦報紙的目的不是在多得消息，而是藉報紙封鎖消息，這可是共產黨的不治之症。」在交談中，他問秦邦憲：「你來延安怎麼會胖了許多？」秦邦憲想了一下回答道：「我們在這裡不要用什麼腦筋！」（注十）左舜生又向毛澤東提議，要見見藍蘋的，但毛說她生病，不能見客。

在延安訪問的幾天，中共方面對其接待隆重熱烈：先後舉行三次宴會，均有中共領導人作陪；他們參觀了大學、銀行、合作社、農場以及市容、寶塔山。

七月五日，參政員結束了在延安的訪問會談，午十二時到機場，毛澤東親自送行，帶著他的一個七、八歲的女兒。

返回重慶，集體面見蔣介石，陳述了與中共會談的情況，並將會談紀要交給了蔣介石。左舜生特別強調這次前往延安，這完全是私人行為，但它獲得政府默認，也得到美國大使赫爾利的支持。

一九四五年八月二十八日，毛澤東飛赴重慶，用左舜生的話來形容是到重慶演了一齣《黃鶴樓》。包括父親在內的、曾去延安訪問的參政員都到機場迎接，國民黨要員裡似乎只有邵力子。毛澤東穿了一身新衣，帽子也是新的。

毛澤東到達重慶後的一個星期，左舜生說自己除了參加兩度宴會以外，完全不知國共兩黨直接交涉是何內容，到了第八、九天，邵力子才把中共所提要求種種，講了出來：中共的具體條件是保留四十八軍隊，要取得五省主席，四省副主席，四個副市長，再加上一個北平綏靖主任。而國民黨一方面的方針是「中樞可讓，地方不讓，政治可讓，軍事不讓」。左舜生聽後認為兩方面的距離太遠，絕不能有所成就。因此在六參政員請毛澤東吃飯的那一晚，他向周恩來說明，要他勸毛早回延安。沒想到毛澤東在重慶逗留了四十幾天，十月十一日回到延安。我想，重慶比延安舒服多了。

原以為延安之行，可以有助於解決戰後問題，訪問的結果適得其反。左舜生發覺毛澤東等中共高層領導人「孤陋寡聞，野心勃勃，而且根本不要民主，知其必為禍於國家，絕無妥協之可能」。後來，左舜生拒絕參加（舊）政協，就是因為覺得馬歇爾的調停工作已完全失敗，和中共交涉斷然無望，內戰終於無可避免。

對於那個特殊時期的國共關係，左舜生始終保持清醒的認識。他說——

國民黨與共產黨之間，終於無法妥協。最後一定要兵戎相見，打一個你死我活。這在我看來，幾乎是命定的，聽憑你如何熱心團結，統一，如何苦口婆心調停奔走於兩者之間，如何以公平合理的態度去爭取兩方的互讓，其結果總是徒勞無益。這樣一個趨勢，我在抗戰一開始，即早已看得明明白白。（注十一）

第一，國共兩黨間積怨太深，到底無法消釋；第二，兩方面對政權都有一種獨占心理，有國無共，有共無國，彼此所見是無區別的；第三，雙方都迷信武力萬能，而各有其優越感，但國民黨發揮優越感是陽性的，共產黨發揮優越感是陰性的，因此共產黨更容易博得一般淺薄者的同情，而國民黨更容易上共產黨的當；第四，共產黨是一個國際性的黨，不能不受國際共產集團的拘束，演變到某一階段，它便只能以其集團的利害為利害，決不能以國家民族的利害為利害。（注十二）

濤聲在耳，遠山在望。大人物的回憶錄往往是政治失意後的精神補償，但左舜生的書，不是！《三十年見聞雜記》一經出版，朝野震動，且流傳至今，它是研究近代中國的重要史料。他的頭腦、眼光與筆墨，令人讚嘆。閱歷中一鱗一爪，意識上的一思一感，來到他的筆下都變成舒展的秋雲。事件錯綜複雜，也能舉重若輕，很多判斷恐怕只有獨特經歷的他方可獲得。

一九四九年後，左舜生不去共產黨的大陸，也不住國民黨的臺灣，定居在香港。他勇於奮鬥，也善於放棄，不再涉足政治。曾開過一家雜貨店（STORE），自己管進貨，也管店面。這事非他之所長，藉此謀生罷了。後來，以教書和寫作為業，先後在新亞書院、清華書院、華僑書院等院校任教，講授中國近代史，也講《史記》、《漢書》。對史料的廣泛搜集、研讀精細和相識遍天下的人生閱歷，使左舜生的授課成為校園一大風景。不看講稿而至為生動。課後有時還約學生到茶社，一杯在手，一根香菸，便繼續他的談話……

一九五七年七月，反右運動處在批判的高潮，父親、羅隆基等人已被毛澤東點名。左舜生在香港發表了他的看法，題目就是〈章羅等咎由自取〉（注十三），他寫道——

自從章伯鈞、羅隆基、章乃器、儲安平們發出了他們一番正確而切當事情的議論以後，香港的朋友們有不少覺得我們應當對他們寄以相當的同情，甚至應當對他們遙為呼應，這一點我卻不敢苟同：我總覺得他們之「被割」，確實是罪有應得。他們都不是傻瓜，過去都曾受過良好的教育，他們和中共發生關係，至少有二十年的歷史，中共之毫無人性，中共之絕對之不講交情，他們應讓人早已明白，天下本是中共打出來的，他們不來「黨天下」還讓誰來「黨天下」？他們容許你們這班「野和尚」在他們的廟子裡掛單，這已算是天恩高厚，而你們卻還不能安分守己，好好的接受「領導」，居然抓著機會，便想出頭來「鬧亂子」，其不幸而掉入他們的圈套，豈不是咎由自取！

章、羅在北京掉進政治羅網的時候，在香港的左舜生不去伸張正義，反而說他倆是「咎由自取」。這話很有點像說話刻毒的聶紺弩。為什麼要說刺痛老友的話？左舜生有才氣，但是才氣並非是唯一重要的人格構成，真正有用且極為難得的是經過豐富實踐經驗（特別是政治經驗）而形成的認知能力。左舜生說「章羅咎由自取」，就是這種能力的體現。

反右結束後，父親對我說：「共產黨統一了江山，老左要去香港。我說：『你和老毛是可以躺在床上談女人的，還不留在大陸？』左舜生答：『我若留在這裡，老毛第一個就要殺我。』現在看來，他是對的！我們太相信老毛了！」說罷，父親仰起頭，竭力控制住自己的情緒。

一九六二年秋季，左舜生得到一個偶然機會，到美國做了一次為期四個月的旅行。會見的老友有二百多之人，其中包括張君勱、顧孟餘、董時進、呂超然、繆雲台、陳立夫、潘公展、顧毓秀、陳香梅、梁和鈞等，可謂個個知名，年齡都在六、七十歲，有的溫文爾雅，有的慷慨激揚，但「一種關心祖國，維護民主和反對共產的心情，卻毫無二致」。（注十四）在美期間，他原本是避免任何公開演講的，結果是怎麼推也推不掉。他原本是打算只約不多的年輕人和少數人，結果來了許多，老中青都有。他的演講題目是「對國民黨及青年黨兩黨失敗的總檢討」，會場上有人提問關於「反攻大陸」的問題。左舜生的回答是——「對這個問題，我只好交白卷。」多聰明！

晚年左舜生

一九六六年，大陸爆發「文革」。這一年，在臺灣參觀訪問的左舜生發表了對臺灣、對香港、對大陸的看法、觀點和感受。其中對大陸問題的闡釋尤為精闢，凝聚著他一生的政治經驗和智慧。限於篇幅，我只能舉兩、三個例子——

比如，他說：「老毛這次提出的所謂『文化大革命』或赤裸裸說是『奪權』，其來源甚遠，範圍甚大，所牽涉到個人和派系的關係非常複雜，一經發動，絕不是短時期所能收束。」（注十五）這第一卦就準了！搞了十年，一直搞到自己嚥氣。

又如，對於老朋友周恩來，他說：「周（恩來）陷於左右為難，進退維谷！看來周也只能與毛劉同歸於盡，再也演不出更精彩的一幕了；這並不說明周恩來全無能力，實在因為一年以來，毛已將黨、政、軍搗毀無餘，文化教育摧殘殆盡，乃至使得農、工生產以及交通與對內對外的貿易也全面癱瘓，乃至連周若干年來所苦心締造的國際關係，也被連根拔起……甚至由周所構成幾個點綴民主的所謂民主黨派，也絕對不許存在。像這樣一種全盤紛亂，周恩來仍想以過去敷衍的態度處之，使其返於寧靜，如何可能？」（注十六）

至於今後，在政權亂到無可收拾的階段，可否出現新人物？左舜生回答也妙，還帶著幾分文采。他說：「要知道亂象已成，一個毫無憑藉的戍卒，一個屠狗輓車的白徒，一個斷髮修行的小和尚，一個挖煤燒炭的村夫，都可以冒出成為一時代的英雄人物……只要給

予人民一個再度獲得安居樂業的希望，還怕他們不跟著走嗎？」（注十七）

無論處境如何，左舜生從不更改「書生論政」之初衷，臧否時局，月旦人物，「奮其如椽巨筆，口誅筆伐，即使得罪當道，亦無所畏懼，老成謀國之心，溢於言表」。（注十八）由始至終忠於自己的政治信念，關懷民主憲政，其堅持反共立場也是從未動搖過的。

左舜生的隨筆、雜記有如明沙淨水，令我們嚮往那無法回歸的年月和光景。所有的言外之言，象外之象，都了然於心。除了寫作，他喜歡登山，喜歡看戲，喜歡買書，喜歡寫詩，喜歡麻將，還喜歡認乾女兒。

晚年的父親非常想念左舜生。時間是風，能平復很多的往事與傷痛。左舜生不是風，是樹，枝枝節節都在述說著前朝與當今。

北京守愚齋

寫於二〇二一年春夏

（以上照片未注明出處者來自百度）

注釋

注一、二：引自汪東林，《梁漱溟問答錄》，長沙：湖南人民出版社，一九八八。

注三、六、七、八、九、十、十一、十二、十四：《近三十年見聞雜記》，頁五二九、頁五三二、頁五三三、頁五三三—五三四、頁五四〇—五四一、頁五三七—五三八、頁五四八、頁五四九。

注四、十三、十八：《左舜生先生晚年言論集》上冊，頁七、頁二三三、編輯前言。

注五：《黃炎培日記》第九卷，頁五四，北京：華文出版社，二〇〇八。

注十五、十六、十七：〈旅臺一月記〉，見《遊記六篇》，頁六—七、頁一四三、頁一四四—一四五、頁一四五。

參考資料

＊左舜生，《萬竹樓隨筆》，香港：開陽社，一九五三。

＊左舜生，《近三十年見聞雜記》，近代中國史料叢刊第五輯，臺北：文海出版社，一九六七。

＊陳正茂主編，《左舜生先生晚期言論集》，中央研究院近代史研究所中國史料叢刊第二十八輯，臺北：中央研究院近代史研究所，一九九六。

＊左舜生，《遊記六篇》，臺北：三民書局，一九六九。

他不是政治家，是詩人

——柳亞子的故事

柳亞子肖像（吳江網，經修復）

柳亞子，本名慰高，號安如，亞盧。生於一八八七年五月二十八日，江蘇吳江縣黎里古鎮人。幼年得力於母教，十二歲讀完杜甫全集，讀完了，也會作詩了。十四歲在上海報紙發表作品，那時多是「豔體」，十六歲已讀遍自家書房藏書。十七歲受梁啟超《新民叢報》的影響，詩風大變；同時，隨章太炎、蔡元培、鄒容等交遊。二十歲參加同盟會（先是光復會）。可以說，從十二歲到四十一歲，從清末秀才到孫中山臨時大總統祕書，柳亞子的日子過得平順。單說那江蘇吳江的「賜福堂」前後六進大院，一百零一個房間。他的生活平順，但內心從來沒有平靜過，始終抱有一顆憂國傷時的心，而且情感激揚，毫無遮飾，一派真性情。有人說，這與他的人格氣質相關。

柳亞子有著長鬚飄散、風神雋逸的儀容，很多人見到他，就聯想到古代詩人。他給人的另一個印象是口吃，開口講話，無論長短，都讓人替他著急。這個毛病並非天生，據他說是跟舅父學來的。舅父口吃，還挺嚴重。每次舅父看望柳亞子的父親，一進大門就喊他父親名字的第一個字。柳老太爺的房子一共三進。舅父邊走邊喊，一直走到第三進，才把他父親姓名中的第二個叫了出來。柳亞子那時是個頑皮的孩子，覺得有趣，就模仿起來。學著，學著，自己也口吃了，怎麼改，也改不掉。說話不行了，但文思卻格外地敏捷，寫字潦草，信筆揮灑，且快得有如衝鋒。他給毛澤東寫信，毛澤東對他信中的一些字實在辨認不出，還請周恩來幫忙。結果周公看了半天，也沒認出來。難怪郭沫若這樣評價柳亞子的書法：「行楷有魏晉人風味，草書則脫盡町畦，這也是獨創一格的草書，不僅前無古人，亦恐後無來者。」

父親總說，柳亞子不是政治家，是詩人，儘管他在「民革」和「民盟」都有頭銜。「民革」成立之初，大家還推舉柳亞子為祕書長。他本人的積極性也很高，寫了不少親筆信，聘請一些知名民主人士為「高等顧問」。在國共內戰時期，許多民主人士都落腳在香港，大家彼此熟悉、往來頻繁，柳亞子寫了許多詩送朋友，如喬冠華、龔澎月夜來訪，他以詩相贈；沈鈞儒和薩空了惠顧，他各贈一律；渡海訪郭鼎堂、沈雁冰兩兄，即有詩作；以及贈周新民，贈鍾敬文，贈楊之華，贈葉聖陶，贈鄧穎超，贈田漢，贈彭澤民，贈朱蘊山，贈章伯鈞……總之，柳亞子肚子裡全是詩，出口成章。興致來了，一下子能寫好幾首，有人請他寫詩，用筆蘸墨的工夫，詩句就有了。

說到柳亞子與詩，就必須提到南社。說到南社，話就長了——

一九〇五年的盛夏，孫中山的同盟會在東京成立，之後的幾年隨即發起一系列的反清武裝起義。儘管皆以失敗告終，但「恢復中華、創立民國」的社會浪潮已不可遏制。也就

蘇州吳江黎里柳亞子故居，2016 年攝。

在這個時刻，二十三歲的柳亞子與陳去病、高旭，三個同盟會會員一起創辦了南社。這個創作詩文的文人社團自從成立，就與同盟會聯繫密切。隨著黃興、于右任、宋教仁、陳英士、邵力子、廖仲愷、楊杏佛等同盟會骨幹分子的加入，南社宗旨於無形之中貫徹了同盟會的主張。南社成立於一九〇九年舊曆十月初一，參加者十七人，另有來賓二人。令人沒想到的是，在十年之內社員擴充至千餘以上，眾多分社遍布大江南北，成為一個龐大的文藝團體。南社社員的詩、文、辭錄，共編印了厚厚的二十二集。它以文字為工具，做「轉移社會風氣，革新文學內容」的工作，寫就中國近代文學史上光彩的一頁。

南社的人才眾多，作家林立。其中最突

出、最優秀的當屬蘇曼殊。他人品清正，詩品清高，在柳亞子的朋友圈裡，蘇曼殊是絕對第一位。他只活了三十五個年頭，身世還帶著某種神祕色彩，但蘇曼殊絕非如一般人所想像，只是一個超脫塵世的詩僧。他有著熱烈的民族情懷和先進的社會思想，早年留學日本時，就從事實際的革命運動，回國後不斷發表激烈的言論。對他極為推崇的柳亞子用十餘年的時間對其身世作細緻的考查。《蘇曼殊全集》是經他之手，才有了定型本。「全集」出版後，柳亞子即投入到對其隱晦身世的探究。一個機會他獲得了蘇氏家屬的地址，他信心大增，開始積極主動地與蘇曼殊的眾多親戚和同學通信，向他們提出問題，追蹤事實，挖掘材料，經過一番辛苦，終於推翻了蘇曼殊為完全日本血統之說，其身世之謎終獲澄清。自一九二九至一九三九的十年間，凡是與蘇曼殊相關的，無論報紙、期刊、書本、信函，無論長短、性質及體裁，柳亞子一概錄入，文本後面也多有他撰寫的按語，且注明稿源或出處。他是在一九三九至一九四〇年編寫《蘇曼殊全集》的，那時日本人占據上海，所以柳亞子都是自己執筆謄寫文稿，多達兩千五百頁，約五十萬字，實在是令人欽佩。

柳亞子的公子柳無忌（也是蘇曼殊的研究家）這樣寫道：「柳蘇的文章，非特光芒萬丈，而且他們的友誼，亦將昭垂青史。」我真的不知道，在中國近現代還有誰與誰的友誼能超過他們？

1909年11月13日南社在蘇州山塘張公祠第一次雅集合照，柳亞子（前排右二）、黃賓虹（後排右二）、陳陶遺（後排左二）。（照片自南社紀念館）

柳亞子情感激昂，脾氣暴躁，為了三言兩語，能當場吵起來。假如遇到不順眼的事，更是會拍案而起。不管你地位有多顯赫，他覺得不對，就當面反駁或痛斥。過了一會兒，感到自己的過分或有過失，便立即走到對方跟前道歉和認錯，也不管人家是否接受。事後，柳亞子常為自己的衝動情緒而苦惱。無論是口頭上、還是文字上，他總能公開承認自己是矛盾的。有些人覺得他的脾氣太壞，是個狂人。但更多的人則非常尊敬他。也正是這種倔強的個性，孕育出奇偉的人生。

一九三一年十二月十七日，南京

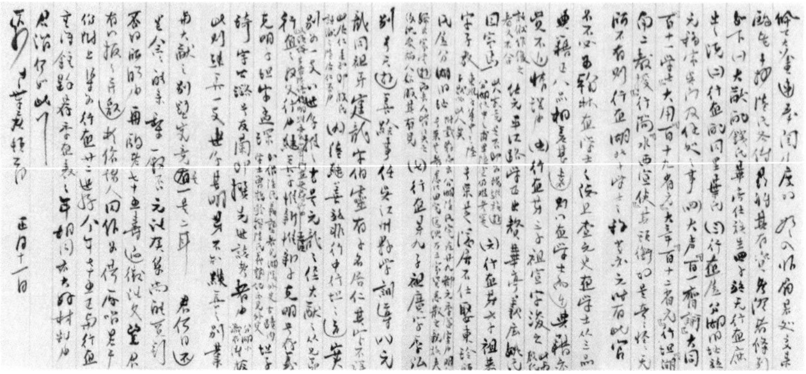

柳亞子致陳去病信札，寄梅堂收藏。

珍珠橋發生流血事件：北平、天津、上海、廣州、濟南等地學生代表及當地學生三萬餘名在南京舉行示威遊行，要求國民政府出兵抗日，隊伍在珍珠橋中央日報社附近曾遭到軍方鎮壓，死三十餘人，傷百餘人，被捕百餘人。消息傳出，各地學生紛紛舉行示威活動。十二月十九日及二十四日，宋慶齡、何香凝因反對蔣介石對進步青年迫害，分別在上海《申報》發表對時局的看法，宋慶齡那篇題為〈國民黨已不再是一個政治力量〉的宣言，影響巨大。柳亞子讀後，寫信給朋友（姜長林）說：「整個的國民黨弄得只剩下兩個女人。中山有靈，真要痛哭了。」

一九三二年的上海，柳亞子常搞些文藝青年聚集，被稱為「文藝茶話會」，由徐仲年（吳稚暉外孫）、孫福熙、華林操持。多在南京路新亞酒店的茶室舉辦，每人一盅茶和幾碟點心，各自付錢。大家的談話內容分散，屬於漫談，到會的人除了個別比較熟識，大多彼此不知底細。但年輕人的興致都很高，特別是能同柳亞子這樣的前輩詩人在一起。柳亞子的興致也極高，每次都到場，對每個人都點頭微笑。當然他的交往不止文藝青年，在他交往中還有魯迅。魯迅是在一九二八年，由北新書局的老闆李小峰介紹認識的，他們飲宴於功德林。這一年的十月五日，郁達夫夫婦邀請魯迅、柳亞子等人暢飲在聚豐園，一週後（十月十二日）魯迅為柳亞子書條幅〈自嘲〉，即聞名於世的「橫眉冷對千夫指，俯首甘為孺子牛」的七律。

一九三三年三月，何香凝的公子廖承志從事中共地下工作被捕，急得何香凝心臟病發作，服藥後睡下。這時柳亞子急匆匆趕來告訴她，當局準備把廖承志押赴南京。二人當機立斷，一同乘車至江灣吳鐵城的警備司令部。下了車，何香凝站在大門口，即大聲喊道：「罵蔣介石要算我罵的最多，為什麼不抓我卻把我兒子關起來？我要坐牢，你們把我關起來吧！」對這一段的生活，柳亞子在〈八年回憶〉中曾這樣寫道：「從七七事件擴大而為八一三事件，從局部抗戰擴大而為全面抗戰，中國的局面是明朗化了，而我的心境還是黯淡陰沉，沒有在抗戰初期替國家民族盡過一點流血流汗的責任。這一件事情，現在想起來，我還是很覺得非常的難過呢。」他還寫道：「經過西安事變和救國會七君子被捕的事件，心上冷冷熱熱，總覺得自己沒有投身大時代，只做了一個旁觀者。」（注一）

到了上海淪陷的時候，很多朋友都走了，柳亞子很難過。他說：「許多人要走，也有許多人勸我走。但我一身是病，四海無家，走到哪兒去呢？廖夫人（何香凝）和仙霏（其女廖夢醒）都預備去香港，勸我同去，不過我覺得經濟毫無辦法，難道到香港去做外國告花子不成？於是只好毅然謝絕了她們的好意，而孤單地留下來。她們是十一月二十七日走的，我因為不便到船碼頭去送行，前一天我和佩宜（即柳夫人）同到她們寄寓的地方，握手告別，仙霏忽然失聲痛哭起來，廖夫人也熱淚盈眶，我們只好掉頭不顧而去。還到家裡，當然又是一夜不能入夢了。」（注二）後來，他把這一段難熬的日子，叫「活埋生活」。

柳亞子是在一九四〇年年底到達香港的，後全家移居九龍柯士甸道一〇七號二樓，柳亞子把這個寓所命名為「羿樓」，借古代神話「后羿射日」的典故，以表自己抗日的決心。他在九龍既見到何香凝、彭澤民、許地山、葉恭綽等老友，又結識了范長江、夏衍、胡風、胡喬木、楊剛、袁水拍等新朋，心情自然不錯。那時，各黨各派也都以香港為海外據點開展活動，其中一項重要活動內容就是辦報，辦期刊雜誌。范長江辦《華商報》，胡仲持任總編輯，廖沫沙任總經理；梁漱溟主持《光明報》，俞頌華任總編輯，薩空了任總經理；茅盾主持《筆談》；鄒韜奮辦《大眾生活》；端木蕻良主持《時代文學》。有趣的是他們都瞄準了柳亞子，紛紛登門約稿，新作舊詩皆可，一時間「羿樓」熱鬧得很。

一九四一年的十一月十二日，適逢孫中山誕辰。他家的客人不斷，茅盾、夏衍、胡喬木、胡繩、于伶都去登門拜訪。柳亞子特別高興，當即寫詩——

入座朋簪笑語嘩，天龍八部禮天花。
捫心歷歷百年史，款客匆匆一盞茶。
各有肺肝期報國，相鄰吳越半無家。
萍蹤難得成高會，明鏡明朝鬢不華。

那一代人交往廣泛，真可謂朋友遍天下。我記得父親每天從早到晚，客人不斷；寫字檯堆滿了信函。父親幾乎無暇回覆，常常讓祕書代勞。柳亞子則不同。不管什麼人，也不管認不認識，只要是寫給他的，一定親自回覆且盡量不耽擱，更不會置之不理。很多事情，只要柳亞子能做就自己做，不去求人。遇到有人求他幫忙，他總是願意相助，只要自己有能力辦到，馬上就辦。有一次，一個陌生青年來訪，求他寫一封謀職的介紹信，他聽了對方敘述目前生活的艱苦，同情之心油然而生，馬上回到書房寫了給某人的介紹信，又道：「信是寫了，你拿去試試看，有沒有結果，那就不得而知。信裡面還有一點小意思，是幫助你解決目前困難的。」那青年激動得眼淚汪汪，連連鞠躬。

特別讓我感動的是柳亞子對蕭紅的關切。一九四〇年初，身患肺病的蕭紅到了香港。因為她的丈夫端木蕻良和柳亞子的女兒柳無垢是清華同學，兩家人便熟悉起來。一九四一年下半年，蕭紅病情加劇。端木蕻良雖然著急，但一籌莫展。柳亞子得知，馬上介紹香港名醫李國基、黃大衛二人親自上門看病。肺病，現在算不得什麼，但在當時是不治之症。誰得了它，誰就死定了，這主要是因為沒有特效藥。醫生只好建議蕭紅到瑪麗醫院住院療養，於是，柳亞子又趕忙聯繫這家香港最好的醫院，很快住了進去。這對於舉目無親的蕭紅是多麼地及時啊！那時有一種APT治療法，就是打空氣針，讓肺部充氣，進行氣胸治療。北京的協和醫院也採用這種方法。但蕭紅按這個方法治療後，感到極為不適，要求停止，並和柳亞子商量。柳亞子細想，恐怕只能順從她的意思，隨即停止。這樣一來，對蕭紅的治療就只有睡在陽臺，呼吸新鮮空氣了，這在海外叫「天然療法」。即使是睡在陽臺的天然療法，蕭紅也感到不適，看來只有回家。柳亞子深知：所謂回家，就是等死。蕭紅回到家裡，對柳亞子唯一的方便之處，就是可以隨時探望。而每次探望，都令蕭紅感動。

後來，端木在一篇懷念柳亞子的文章裡，這樣寫道：「在柳先生身上，我們發現師道和友情萃於一身。在一位純真的老者身上，滋潤著熱情的靈苗。柳先生平生飽經憂患，但

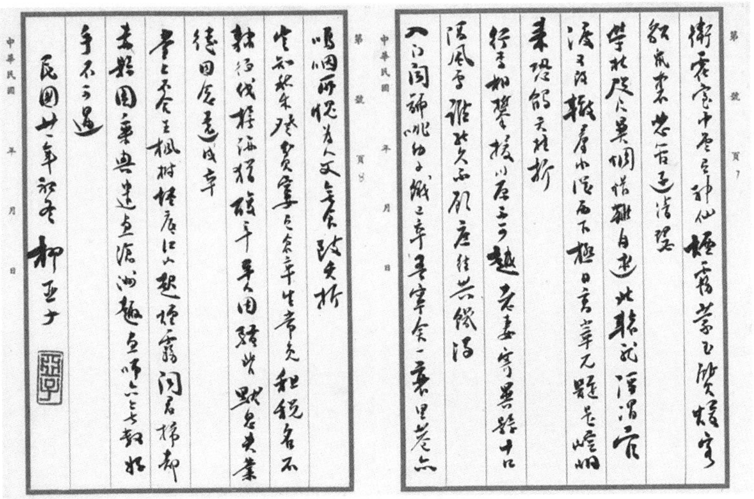

柳亞子行書杜陵詩（原稿 8 頁，此最後 2 頁，私人收藏）

他總給別人以鼓舞和信心。」

蕭紅病逝，葬於香港。一次，柳亞子與翦伯贊等同去淺水灣，覓蕭紅墓地而不獲，遂悵然有感，寫道——

淺水灣頭吊落紅，
餘生無分更相從。
最憐句好詩成讖，
難忘愁多病轉慵……

柳亞子對自己的評價充滿自信。還是在參加「南社」的時候，就是「一社之長」兼「詩壇盟主」。功底深厚，文思敏捷，或許詩越作越多，自我感覺就越好。抗戰末期，他就講過這樣的話：「辛亥革命總算成功了，但詩界革命是失敗的。」、「國民黨的詩人，于右任最高明，但篇章太少，是名家而不是大家；中共方面，毛潤之一枝筆確是開天闢地的神手，可惜他劬勞國事，早把勞什子置諸腦後了。這樣，收束舊時代、清算舊體詩，也許我當仁不讓呢！」（注三）這話你聽著覺得過分嗎？我不覺得過分。

柳亞子有兩枚印章，不但引人注目，以後還生出是非，說來話長。一枚的印文是：「兄事史達林，弟畜毛澤東。」典出《史記・季布傳》，其意是說能以敬佩和愛護的態度事主。另一枚的印文是：「前身爾正平，後身王爾德；大兒史達林，小兒毛澤東。」這裡大兒、小兒的「兒」，乃「孺子」、「男兒」之意。鄒容在他的《革命軍》一書裡，也用「大兒華盛頓」、「小兒拿破崙」的句子，柳亞子在這裡用以表示對西方兩個傑出人物的尊崇。中國人既不善對偉人以平等精神稱兄道弟，也缺乏歷史知識和文字修養，所以無論是當時、還是後來的很長一段時間，人們對這兩枚印章都感到難以接受，甚至引起誤解和責難。令人沒有想到的是「文革」中，所謂博古通今的康生在一九六六年七月看到印章的印文，竟接連三次批文，大罵柳亞子「反動之極」，印章也隨即被毀。慶幸的是柳亞子本人死在五十年代，免遭厄運。

這種真性情使他不但「自負」，還表現為「不滿」。要命的是它們竟以牢騷的方式體現出來，而且牢騷不斷。國民黨當權，有牢騷；共產黨掌權，也有牢騷。這就是說柳亞子的牢騷並非是政治立場所致，而是個性中一貫的反抗精神，當然，牢騷也與自我評價相關。一個最典型的例子，就是他在一九四七年十二月九日，寫過一篇文章，題目叫〈從中國國民黨民主派談起〉。文中寫道：「對於中共，做它的朋友，我雙手贊成。但要我做尾巴，我是不來的。老實講，我是中國第一流政治家，毛先生也不見得比我高明多少，何況其他。」（注四）又說：「我自信我有科學的預見，並不在毛先生之下。」（注五）這些話太嚇人，特別不適合大陸人看到，所以文章一直沒有公開發表。

一九四八年一月一日，柳亞子在《華商報》以「新的開始」為題發表談話。他說：「兩年前，毛澤東先生在重慶的時候對我講過一番，勸我不要天真地樂觀。他說過：『前途是光明的，但道路是曲折的。』我不相信，便把他的話倒了過來，對他講道：『照我看來，應該這樣講，道路是曲折的，但前途是光明的吧！』他微笑不言。」（注六）顯而易見，非要把毛公的話倒過來，恐怕這也是在展示自己的高明。

一九四九年二月底，柳亞子、宋雲彬等幾十個知名人士應中共中央的邀請，從香港啟程，一路經過煙臺、濟南、滄州等地抵達北京。一路上他們興高采烈，作詩、打牌，有的還唱崑曲。柳亞子也是處在興奮狀態。每到一地，他都要在歡迎大會上致答辭。哪怕是主人家沒有安排，他也要站出來講話。講話的末尾還要高呼：「擁護毛主席！擁護中國共產黨！打倒蔣介石！打倒美帝國主義！」（注七）

剛進入紅色政權，柳亞子興奮過度，又自信過度，認為自己的才幹不在毛先生之下。一些言行也有失分寸，比如因為吃黃瓜，能搧人耳光。他的情緒除了興奮，還有牢騷，這是很多人沒有料到的。

一九四九年三月二十五日上午，許多民主人士得到通知：下午一時半，由李維漢召集座談會，討論「統戰問題」，為了鄭重，特別發了入場券。下午二時許，座談會開始。李維漢宣布毛主席將於四時許到北平，請同往西郊機場歡迎。原來所謂的「座談會」是假，「接駕」是真。三時半，大家乘坐巴士赴西郊機場，後又改乘卡車，約二十人一車。五時許毛澤東抵達機場，之後軍樂大奏，放照明彈，舉行檢閱。

以上情景，柳亞子在日記裡這樣寫來：「下午，赴飛機場迓毛主席，以代表名義去者三十人，余亦其一，與衡老（沈鈞儒）、任潮（李濟深）、伯鈞同乘第一號車……夜，毛主席派車來迓，赴頤和園飯局，共兩席，主人外余與叔老、鼎堂、初老、奚若、德珩、東蓀、寰老、季龍、任老、丕老、乃器、衡老、伯鈞、澤老、夷老、平老、賢初、任潮、恩來、羅邁，共二十人。飯罷，馮夫人來，坐談至一時半，始乘車歸，抵寓已二時許矣。」（注八）共和國尚未宣告正式成立，便使喚眾多民主人士（歲數都比毛大）「接駕」，從下午一點半耗到次日凌晨，像柳亞子這樣的人，心底能平靜嗎？

果然！

三月二十五日與三月二十六日的兩天時間，也就是在他來京後的一週，就有了柳亞子在宋雲彬處與胡愈之的長談。胡愈之是中共中央老特工，有著雙重身分（即中共黨員與民主人士）。所謂「長談」，當然不是聊天，是奉命給柳亞子做工作。「（胡）愈之談及張申府，謂張之大病在不肯忘其過去之革命歷史。彼與毛澤東在北大圖書館有同事之雅，周恩來加入中共，亦由彼介紹，遂以革命先進自居。初不知此等思想實為一沉重之包袱，不將此包袱丟去，未有不流於發革命者。」（注九）胡愈之這番話的用意明確，就是以張申府為例，告訴柳亞子要擺正自己的位置，不能以「老朋友」、「老資格」、「老前輩」的身分看待和處理與中共及其負責人的關係。宋雲彬的日記提供了印證：「今日上午（胡）愈之來，與柳亞老聚談。亞老近來興奮過度，又牢騷滿腹，每談必多感慨，恨無辭以慰薦之也。」（注十）有意思的是——也就從這裡開始，柳亞子的牢騷更甚。

牢騷越發越大，幾乎到了無法控制的程度。比如，四月十六日，父親等來京的民主人士在北京飯店聽周恩來報告。晚上，柳亞子在日記裡寫道：「聽恩來報告，極滑稽突梯之致，可兒也。」（注十一）另一次牢騷，竟然動了手：他與夫人去探望宋雲彬，當時宋雲彬住在華北教科書編審委員會。因為是機關所在，門口有持槍警衛。警衛要二人在傳達室登記後，方可入內。這種衙門的做派，柳亞子異常反感，便徑直往裡走。不料想，這個警衛掏出槍來！這可了得，惹火柳亞子！他抄起桌子上的墨水瓶就扔了過去。瓶子沒砸到警衛，濺了柳夫人一身。

出現這種「暴烈」情況，讓他的家人和朋友極為擔心。焦慮萬分的柳夫人只得找醫生商量：是不是以血壓升高為由，讓他請假休息，謝絕一切活動。原本是計謀，柳亞子真信了，在四月七日的日記裡寫道：「……余量血壓，較前增加至十度以外，頗有戒心，以後當決心請假一月。不出席任何會議，庶不至由發言而生氣，由生氣而罵人，由罵人而傷身耳！」（注十二）

第二天四月八日，沈鈞儒即去他家探望，中午雇了三輪車去中山公園上春林飯館，還約了其他幾位女士，飯菜極合他的胃口，飯後還興致勃勃地去看一個婦女代表展覽會。

四月九日，薩空了、歐陽予倩、馬思聰、金仲華又特地趕去和柳亞子一起暢遊頤和園。

這些有身分的朋友於兩日之內，又登門拜訪，又請他吃飯，又同看展覽會，還一起暢遊頤和園，是他們閒來無事嗎？況且個個都是大忙人。如此安排，顯然是出於有關方面對他的安撫。過了十幾天，更大的喜事來了！

四月二十三日星期六，上午，齊燕銘來訪；下午，柳亞子夫婦約了幾個好友在相關部門負責人陪同下，赴頤和園益壽堂看房。原來請柳亞子住頤和園。「因齊燕銘言將居我於此地也。結果，非常滿意，遂決定於星期一實行搬家。」（注十三）在給尹瘦石的一封信裡，他寫道：「我已奉毛主席之命，住在頤和園益壽堂，算是給我養病吧。」他還領一些朋友參觀他的頤和園新居，非常滿意地捋鬚而笑，風趣地說：「這是享受帝王之樂呀！」

五月一日，下午二時，柳亞子午眠剛醒，「忽毛主席偕其夫人江青女士暨女公子李訥來訪，先至心清處略談，旋來余益壽堂後軒，談詩甚暢。佩妹（柳夫人）建議，去昆明湖坐船，而未能先加準備，余尚能支持，潤之（即毛澤東）則汗珠流面，頗覺過意不去」。「行盡長廊，始得船兩艘，與護兵分踞之，潤已疲倦，不及長談，登岸即坐汽車返，約定雙五節以車來迓，謁總理衣冠墓於碧雲寺，希望其不開空頭支票也。」（注十四）亂世之後，原本的社會等級隨之變化，毛澤東，一個倘佯在橘子洲頭的窮書生，如今站在城樓聽萬民眾高呼「萬歲」。他既能在懷仁堂與各界代表縱談國事，也喜歡和民國詩社盟主昆明湖泛舟、談詩說賦。

五月五日的上午，毛澤東派田家英去頤和園，接柳亞子夫婦等人至中南海。「毛主席賜宴，客為余等四人，陪客者毛夫人、毛小姐、朱總司令、田祕書，談宴極歡，三時後以汽車送還。」（注十五）

一九五〇年下半年，柳亞子遷入北長街新居。這是宅第非常好的一座四合院，在北海之南，故宮之西，中山公園之北，東廂房緊鄰筒子河。風景絕佳。他特別滿意，還請我們全家去做客。一踏進客廳，我就傻眼了：四壁全是詩作，一幅挨著一幅，每首詩都有著極為精緻的裝裱。其中有魯迅賦贈亞子先生的〈自嘲〉（即「橫眉冷對千夫指，俯首甘為孺子牛」），有毛澤東題寫的匾額「上天下地之廬」，還有兩幅蘇曼殊的作品。柳亞子指著蘇曼殊條幅告訴父親：「這是榮寶齋老闆送來的，因為知道我和他的關係。」接著又補充一句：「我後來付了錢。」父親笑了。我以後再也沒見過哪家有柳宅滿牆詩作的陳設和氣派。

一九五一年，柳亞子長期所苦的腦動脈硬化症加劇，自己叫停了南明史的編纂計畫。此後的身體就不大好，公眾場合去得少了。不過父親請他吃飯，總是來的，還誇我家的廚子好。記得有一次是在盛夏，他穿著拖鞋，搖著蒲扇就來了。樣子和從前一樣，就是話少了些。

一九五六年，官方隆重舉行孫中山九十誕辰紀念大會，父親看到他被人攙扶登上主席臺，非常難過。到了第二年，就發展到「竟日不語」。有人說，這是因為一九五七年反右，他的許多朋友、學生，以及曾經的同事都劃為右派，他極為震驚和不滿，以致竟日不語。

一九五八年六月二十一日離世，那天是陰曆五月初五，也就是端午節。享年七十二歲。

柳亞子寫過這樣一首詩——

胡姬也學祝華封，
歌舞昇平處處同。
第一傷心民族恥，
神舟學界盡奴風。

那年他剛滿十八。

二〇二一年秋冬於北京守愚齋

參考資料

＊鄧嗣禹，〈南社識小錄〉，《傳記文學》，一九八七年九月號，頁六四。

注釋

注一、二、八、十一、十二、十三、十四、十五：《柳亞子文集：自傳・年譜・日記》，上海：上海人民出版社，一九八六，頁二一六、頁二一八、頁三四三、頁三五五、頁三五〇、頁三五八、頁三六二、頁三六三。

注三、四、五、六、七：《柳亞子選集》（上下），北京：北京人民出版社，一九八九，頁一〇八四—一〇八五、頁五八四、頁五九一、頁六〇〇、頁一一八九。

注九、十：宋雲彬，《紅塵冷眼》，太原：山西人民出版社，二〇〇二，頁一一五。

另一個趙丹

——「獄中文檔」讀後

趙丹肖像（圖片自百度）

趙丹獄中交代材料

楔子

寫趙丹，於我是個意外。

一位收藏名人手札的朋友打來電話：

「手頭有一樣東西，請你過來看看。」

北京國貿飯店。他把桌子上約有半尺高的紙質「文檔」和幾個大小不一的小筆記本，雙手推到我跟前說：「這是趙丹獄中的交代材料，原裝。」

「趙丹？中國頭號影星。」

「嗯。」

名人手跡、照片及簽名，向來是人們熱衷搜集的物品。眼下，擺在我面前的幾十萬字文字材料就出自大明星之手，有點不可思議！小心翼翼地把它們翻開：每一張均為手

趙丹日記及學習筆記

寫，字跡潦草，密密麻麻，寫者似乎處在十分焦急局促的狀態。寫材料的紙大多是大陸監獄（及看守所）專門提供給未決犯或已決犯使用的。太熟悉了：因為我坐牢寫交代，也用這種紙。

我說：「真貨呀，多少錢？」

答：「幾十萬。」聽了，有種說不出的感覺。

我把攤開的材料小心翼翼地歸攏，移到他跟前。說：「我搞唱念做打，電影一竅不通。不看了。」

朋友說：「我就是給你看的。日子不限，看完還我就是。」

「為什麼？」

「我用幾天時間把材料看完，覺得你用來寫他，能寫出一個完全不同的趙丹。」

有點動心了，當然也猶豫，最後我還是接過沉甸甸的布包，坐上公車回家。趙丹的字極難辨認，隨即花錢請人重新抄寫、列印、裝訂出來。我每次翻閱它們，都有種冰雪般凜冽的感覺。

的確，這是一個和電影無關的趙丹。從此，一塊石頭壓在了胸口……

一

時光回到「文革」，那是一九六七年十二月八日。

上午九點多，上海市專案組成員跨進趙丹的家門。亮出身分後，說：「為了全面、徹底弄清你的問題，我們給你找了個地方……」

當然明白「找個地方」是啥意思，趙丹穿好外衣，說想要上廁所。坐在馬桶上就起不來了，經過催促，才提起褲子。接著，刷牙，洗臉，然後，下樓，出門，被推進一輛轎車。上車，就蒙上了眼睛。

睜開眼，人在一間地下室。

趙丹在室內來回走動，捶打鐵門，大聲詰問，都遭致拳腳。他這才感到自己是坐牢了，後轉移至正規監獄，鐵門，高牆，鐵柵欄，武裝看押。據說，這裡曾經是上海的少管所。

向他宣讀的獄規：只許規規矩矩，不許亂說亂動。當然還有眾多的「不許」，如不許交談，不許串聯，不許攜帶金屬製品，不許說出自己的姓名。每月發三元零花錢。

趙丹的編號是一三九，別人叫他一三九，他管自己也叫一三九。太熟悉了，因為我坐牢時也這樣，編號：三七三——大陸監獄的基本規則都是一樣的，無論他在上海，還是我在四川。

中國歷次運動的本質是清洗，被清除的人都有稱謂：「土改」有地主分子，「三反」運動有三反分子，「肅胡」運動有胡風分子，「反右」運動有右派分子。「文革」是大清洗，名目就更多了：走資派，孝子賢孫，殘渣餘孽，漏劃右派，黑五類，現行反革命分子等等。階級敵人的圈子越劃越大，被關押的人犯越來越多，其中不乏政要、名人。前者有劉少奇，後者如趙丹。

趙丹屬於文藝黑線人物，說是階級敵人，但具體身分尚未明確劃定，也就是說，沒有給他戴帽子。不像我，抓捕的時候就宣布為「現行反革命分子」。既然是身分未定，那就給趙丹留下了「爭取」的空間。爭取什麼？爭取從寬處理：從「解除關押，恢復自由」到「敵我矛盾做人民內部矛盾處理」，都屬於「從寬」的範疇。我被判處有期徒刑二十年，也是寬大處理（判決書上就是這樣寫的）。能爭取到什麼樣的「從寬」，那就看本人的表現、形勢的變化和掌握政策的人了。失去人身自由的趙丹非常清楚這一點，所以他要努力創造條件，以達到「從寬」處理。而「努力創造條件」的基本方式和方法，無非就是交代，匯報，揭發，檢舉，大量寫材料，頻繁又誠懇。應該說，趙丹寫交代材料和思想匯報的自覺與熱情，相當驚人！又多，又快，又長，說啥都是一套一套的。於是，幾十年後的我才有幸看到和使用這份厚實的文檔。

第一份思想匯報寫於一九六七年七月十五日。趙丹寫得鄭重其事，屬於鄭重表態——

一、我所寫的材料，皆是兵團材料組、宣傳組、外調組要我寫的。此外沒有私自寫過任何材料給別人。

二、我接受革命群眾，革命組織把我批臭，批透，批垮，打到（倒）！我不抱任何幻想，我只有徹底揭發文藝黑線的罪行，徹底交代自己的罪行，爭取脫胎換骨，重新做人！這就是我的根本態度，和唯一可能，和自己應該努力做的事。此外，我應時時注意遵守兵團的紀律和規定，向兵團組長，隨時匯報思想情況。

趙丹 六七・七・十五

這兩條以及一個「此外」，是他給自己定下的規矩。

十天後，趙丹呈上第二份思想匯報，這是在參加了（上海）電影廠黨委組織的揭發鬥爭大會之後寫的。其中一句，說：「所受教育甚深，思想推動很大，內心沉痛，自咎！」的確，從寫第一份匯報到最後一次寫材料，數年之內他都在反反覆覆、誠誠懇懇、絮絮叨叨地自責，說自己有罪，對前半生所作所為萬分痛悔。我以為：趙丹必須這樣寫，也只能這樣寫。凡是被關押的人都要這樣寫，被逼無奈，否則皮肉受苦，乃至送命。但我認為：趙丹的自責基本發自內心，真的認為自己錯了，藝術上錯了，政治上錯了，是有罪（且深重）之人。這不是我分析出來的，是那些痛心疾首的文字明白無誤地告訴了我們；而且每一場批鬥會下來，都能促進他交代問題和加深自我認識。一經批判，好像自己的罪行證實了。

國慶來臨。十月一日，他學習了《人民日報》社論〈在無產階級專政下的文化大革命勝利萬歲〉，《文匯報》政論文〈上海無產階級革命派鬥私批修方針指引下高歌猛進〉、〈毛澤東思想是攀登科學技術高峰的勝利旗幟〉。十月二日，學習了〈毛澤東同首都五十萬軍民歡度國慶〉的報導、林彪同志講話、周總理在國宴上的講話，以及〈上海五十萬人隆重舉行國慶集會遊行，張春橋同志講話宣布特大喜訊，毛主席向上海人民問好〉的報導，還有〈霍查同志在我使館舉行的國慶招待會上發表重要講話〉等。讀這些社論和報導，趙丹興奮難抑，立即提筆寫道：

感到無限興奮、歡欣、鼓舞！雖然屬於專政對象，但仍按捺不住，為以毛主席為代表的無產階級革命路線的偉大勝利我感到無比幸福！

我要萬分萬分，加倍加倍的，向偉大領袖毛主席、向尊敬的江青同志，向尊敬的總理和尊敬的柯老（柯慶施）致敬……向黨、向人民請罪。

趙丹的每一份材料無不表達出對共產黨、毛澤東的熱愛。他還熱愛張春橋、柯慶施，他還敬佩江青，你能說這些表述全是假的嗎？當然用意也明顯：表白自己，爭取「從寬」。

趙丹寫材料採用「文革」書寫的標準格式，即第一段必是「最高指示」。匯報什麼內容，選擇哪條語錄，絕非信手拈來，而是下了一番功夫。

一九六八年七月八日的匯報裡，他引用的「最高指示」是毛澤東在《中國革命與中國共產黨》裡談知識分子的一段話，即「知識分子，在其未和群眾的革命鬥爭打成一片，在其未下決心為群眾利益服務並與群眾相結合的時候，往往帶有主觀主義和個人主義的傾向，他們的思想往往是空虛的，他們的行動往往是動搖的」。抄完這段語錄，他跟著寫道：「想家，想孩子，想愛人，幾乎無法控制自己。」為說出一句「想念家人」，趙丹先給自己扣上「思想往往是空虛的」、「行動往往是動搖的」帽子，也就是說，以語錄作自我批判，然後表達心中所思。費盡思量！我算了算，他從一九六七年被關押，到一九六八年寫下「想家」、「想孩子」、「想愛人」這麼幾個字，相隔時間長達一年！不得不承認：在個人情感方面，他有著驚人的克制力。

這種令人難以理解的表現，讓我產生遙遠的聯想：曾風靡世界的古巴革命領袖格瓦拉「思想殘暴，嗜血成性」（納賽爾語）。有人索性稱他是「被純粹的仇恨所驅動的殺戮機器」。年輕的格瓦拉死後，有一本《玻利維亞日記》留了下來。人們從中發現：習慣於硝煙與孤獨的他在日記寫下的文字，讓人心動的竟是對世俗生活和私人情感的眷戀！好幾篇日記裡，一開始就是想到他的親人——二月十一日日記以「老頭子生日：六十七」開始，他想到自己的父親。二月十五日日記以「希爾迪達的生日：十一」開始，他想到自己的長女；二月十八日日記以「約瑟菲娜的生日：三十三」開始，他想起了妻子；二月二十四日的日記以「恩內斯迪科爾的生日：二」開始，他想起了幼子；五月十八日的日記以「羅伯

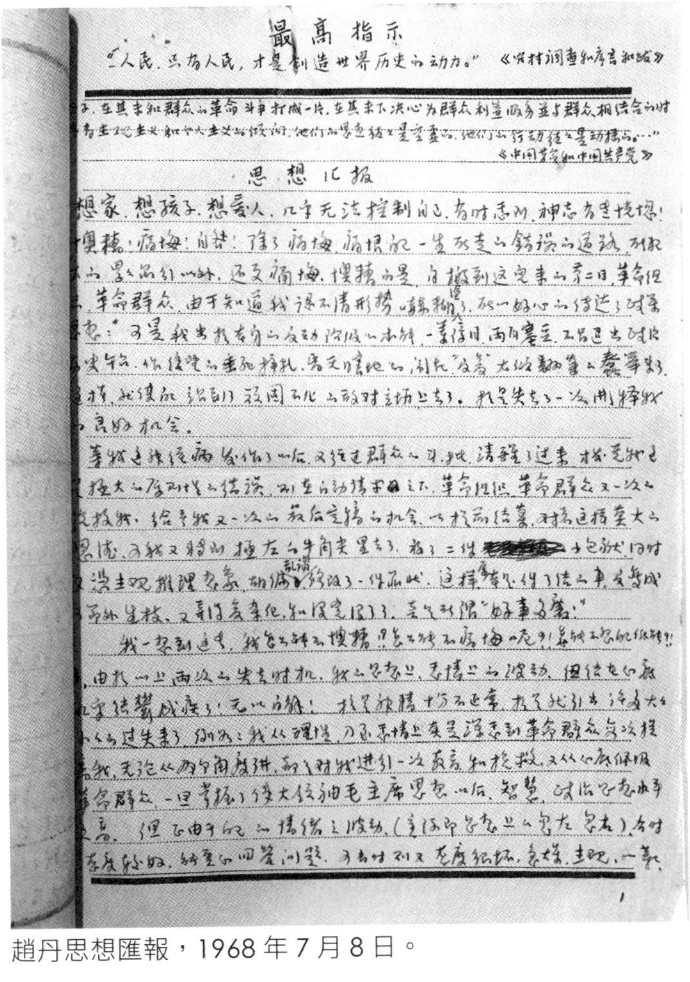
最高指示

"人民，只有人民，才是创造世界历史的动力。"

思想汇报

想家，想孩子，想爱人，几乎无法控制自己，有时悲叹，神志有些恍惚！

趙丹思想匯報，1968 年 7 月 8 日。

特和胡安・馬丁」開始，他想起了兩個兄弟；六月十四日日記以「西麗塔：四？」開始，他想起了幼女，儘管不太確定其年齡；六月二十一日的日記以「老太太」開始，他想起了自己的母親。難怪有人說，在叢林中多次迷失方向的格瓦拉，在日記裡沒有丟失過自己的親人。「文革」畢竟不是戰爭，我在關押和勞改期間，每次寫年終總結材料都要說：「我想念親人！一定加速改造，希望盡快見到他們。」趙丹當然也可以這樣寫，但他似乎把熱烈的感情更多地給領袖、給了黨。

思念的閘門一旦打開，就關不上了。僅隔一週，趙丹在遞交的匯報材料裡，再次寫下「想家」、「想孩子」、「想愛人」的句子。他說——

格外地想家、想孩子、想愛人！我要一切重新做起，所以也就想懇求革命組織、革命群眾開釋我，讓我到外邊在工作中考驗我吧！

其實，我真是個老實人，一點也不向組織隱瞞自己的內心情感的人，甚至坦率到近乎迂闊的程度了，請看有誰敢於像我一樣地每次思想匯報都誠實地檢討自己的錯誤，而從不談一句自己有所進步，改造有成績的話！但凡有點私心雜念的人，難道不怕罪行的積累嗎？懇求，再次幫助我伸出挽救的手來，讓我早日出去……懇求！懇求！千萬個懇求！

趙丹 六八・七・二十九日

白日難熬，夜晚恐懼，以前曾經有過的燦爛與溫暖，現在都要用空前的孤寂來償還，而孤寂的背後則是脆弱與渴求。我深深體會到——囚禁所製造的徹底隔離是極為殘酷的精神折磨，它可以讓意志崩潰，生命迅速枯竭。趙丹也不例外，為了「格外地想念」，他開始懇求，而且是「千萬個懇求」！

情勢巨變，明星成凡品。

二

一九六八年八月五日，報紙刊出張春橋回到上海出席會議的消息。他看到了，又興奮起來！趙丹知道張春橋，張春橋不可能不知道趙丹。所以這是一個機會！什麼機會？求情的機會。向張春橋求情？咋求情？寫信呀！這是他的機敏，也是他的優勢。

請求開釋，說幹就幹。馬上給張春橋同志寫信，情感熱烈、態度懇切：

我要積極地寫信給春橋同志，並轉尊敬的江青同志（恕我一時找不到適當的稱呼，故仍稱「同志」）。因為，我的事情早已結束了，進來的日子不短了。此時再不請求，更待何時？

千言萬語，就是一句，懇求您，尊敬的春橋同志，能挽救我一把，並求您向江青同志面前求求情，懇求能寬恕我。能讓我再回頭重新做人……使得我今後的一生改造成為革命的、學習偉大領袖毛主席思想的一生。

寫信求情，古今皆有：司馬遷為李陵求情，胡適替王若飛求情。現在的求情，多是寫給上級、長輩、老師、朋友，為自己的問題和過錯求情。趙丹給張春橋和江青等「中央文革」領導小組負責人寫信，即屬此類。求人如吞三尺劍，靠人如上九重天，何況監獄對信件的管理極其嚴格：比如每月只能寫一封信，每封信不得超過二百字，還必須是寫給自己的家人。趙丹的行為一經發現，立即受到嚴厲的批評和指責：「不要找任何幻想。不要還以為自己是名演員！」這話有如削尖的利刺飛撲而去，直戳他的痛處。

趙丹很快作出反應，在八月十六日寫出檢查：

我的請求，也僅僅是向中央文革領導上認罪、請罪，請求恩赦，絕無其他不良動機，根本不可告狀，任何能解脫心裡的包袱呢？等等的思想動機（注：此處不通，原文照錄）。

這裡也就恰恰暴露了我還是在潛意識裡存在的特殊化和特權思想了！原來首長對我的批評指責是中肯的，是正確的，正由於有這種特殊地位的思想，才產生出幻想，也正是這個幻想，才蒙蔽了自己的眼睛，認識不清這樣一個極為普通的常識：即何時開釋，這不是依的主觀願望所能決定的事，因我沒這個決定權，這權力在組織和群眾手裡。我只有為自己爭取早日開釋而努力創作條件，所以急躁地，一廂情願地請求提前開釋的做法、想法是不符合客觀實際的，不符合我的現實的地位的。這樣，則又是自作聰明、作繭自縛、結果反而自尋苦惱，自己折磨自己了。

他還是識趣，抓住了要害：說自己就是想用個人的特殊身分和地位，求得某種特殊處理。趙丹的自我判斷也準確，叫「自作聰明，自尋苦惱，自己折磨自己了」。這說明囚禁並未讓他大腦失靈，檢查寫得也還算到位，想必會汲取教訓。萬萬沒料到的是一個月後，他又想給江、張寫信了。原因是看到報紙上刊出的「發動群眾定案　實行群眾專政」的報導以及工人宣傳隊開進文藝界、電影界的消息。這回趙丹誤判了！他以為「群眾專政」就意味著可以出獄，讓群眾管理自己。再度興奮的趙丹，馬上寫了一份很長的思想匯報——

為像我們這種犯罪的人，創造、提供了有利於自新、改造的充實條件。越來越看到毛主席革命路線的威力，無產階級政策威力光芒四射。

這些天，思想上的鬥爭到了白熱化的程度，運動一開始即蘊藏這一個心願，即是到了運動的後期，要寫信給尊敬的江青領導，尊敬的春橋首長，求求情，能給予從寬處理。因為這個人一生的最後的時刻，也是關係到全家大小的大問題，特別是看到報上要發動群眾定案的報道，感到緊張……（一九六八年九月二十三日）

坐牢的人一般都比較敏感，趙丹屬於極度敏感。任何一篇社論（或一則報導）的提法，都能讓他展開想像，並與自己可能的出路相聯繫。其實，任何一個在押囚犯的明智只能是怎樣認清自己的處境和如何適應，偏偏在這個重要的環節上他不大搞得清。

一九六八年底，中央有個極重要的戰略步驟，叫「清理階級隊伍」。它當然來自毛澤東的批示，理論依據是「階級鬥爭，一抓就靈」。具體做法是全國各地在軍管會和進駐單位的工宣隊領導下，放手發動群眾開展對敵鬥爭，對社會進行全方位大清查，揪出地、富、反、壞、右、特務、叛徒、走資派、漏網右派、國民黨殘渣餘孽，尤其著重未被查出的人，不管你是誰，都在清查之列。大清查奪去許多人的性命，讓許多家庭瞬間瓦解，製造出無數「冤、假、錯」案，驚心動魄，鮮血淋漓！那時在四川成都街頭天天都看揪鬥「階級敵人」的恐怖場景，我斷定在北京的右派父母也定遭厄運，不禁渾身戰慄，徹夜不眠。而我本人也就是在「清理階級隊伍」階段被革命群眾揪出，由四川省革委會定性為「現行反革命」，由軍管會宣判後關押在大牢。

這種血腥的「清理」，儘管趙丹未能親眼得見，但起碼的政治常識與社會經驗還是有的。令我不解的是——趙丹的表現好像沒有多少憂慮與焦愁，反而在匯報裡表示擁護和讚賞。一九六八年十二月一日，在閱讀《解放日報》社論〈文藝界首先要抓清隊工作〉後，他這樣寫道：

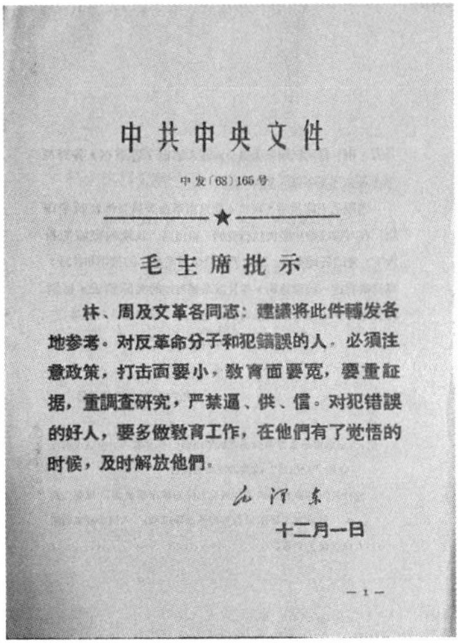
中共中央文件

中发〔68〕165号

★

毛主席批示

林、周及文革各同志：建議将此件轉发各地參考。對反革命分子和犯錯誤的人，必須注意政策，打击面要小，教育面要宽，要重証据，重調查研究，严禁逼、供、信。对犯错誤的好人，要多做教育工作，在他們有了觉悟的时候，及时解放他們。

毛泽东

十二月一日

—1—

中共中央關於「清理階級隊伍」文件

> 在清理階級隊伍中，對於那些所謂「三名」、「三高」的人物，不能一概而論，一定要做階級分析。他們當中有的就是文革前修正主義文藝黑線上的人物，就是叛徒、特務、走資派和地富反壞右分

子，對於這些壞人，我們必須徹底揭露他們，把他們清洗出去。

原來我主觀的設想，清除出黨，不能幹導演、演員工作了，一切行政待遇，社會職務及特殊化生活待遇等等，通過一杆子刷到底，這是沒疑問的，肯定的，因之思想上一點也不存在任何幻想。但仍可能留在廠裡，給一個力所能及的大小工作做，或者受群眾的監督勞動等，也即是說還給飯吃！現在看來，這種想法，仍是不切實際的了。不符合革命路線的政策精神了。因之也是錯誤的。

冷靜一想，將我這樣的人清除出文藝隊伍，則又完全正確完全必要，因為我這樣的人，為文藝界造成的罪惡多端，實在是文藝隊伍中蛀蟲，再若留在文藝隊伍中，這簡直是對文藝界的玷污和恥辱！

若從十八歲幹電影算起，已幹了三十六年，若從十三歲幹話劇算起，已經足足幹了四十一年了，今日落到被清洗出電影界文藝界，心頭當然是非常沉痛的，心酸的！但這一生中從未真正為無產階級革命為勞動人民而創作，相反盡是製造了大毒草，替革命事業，招致無法估計的損害，今日被逐出電影界，則又是天公地道的事。新陳代謝這本是不可避免的自然規律，搬掉我們這些革命前進道路上的絆腳石、障礙物，讓新生的無限美好的革命的電影事業，蓬勃發展，這實在是最好的好事！這樣一想，心裡豁達，開朗起來！

敬祝我們偉大導師、偉大領袖毛主席萬壽無疆！萬壽無疆！！萬壽無疆！！！

判。讀這篇檢查，我不知道說啥才好。人只要被揪出來，當然要「上綱上線」，做自我批判。趙丹能把罵自己的話說到這份兒上，說自己被逐出電影界是「天公地道」，是為革命搬掉「絆腳石」，是一件「最好的好事」！被踢出電影行業，不僅不難過，反而「心裡豁達、開朗起來」！寫出如此卑賤的文字，得下多大狠心！為了得到一些珍貴的東西，而失去另外一些珍貴的東西，這些文字的後面也隱含了說不出口的哀傷與酸苦。聶紺弩「文革」期間在北大荒勞改，寫了很多詩，其中有兩句流傳甚廣：「文章信口雌黃易，思想錐心坦白難。」——深刻，很深刻。

我們不是改變乾坤的人，但我們能否守住一些根本？

三

對時間長度的認識，首推犯人。

「文革」中，我以現行反革命罪判處有期徒刑二十年。宣判後，我馬上推算出二十年的長度是七千三百天，計十七萬五千多小時；二十六歲入獄，四十七歲出獄；青春逝去，親人離世……想到這裡，淚如雨下。這是比押上公判大會，聽宣判還要致命的打擊。

從寓所帶走趙丹的那一刻，上海市專案組成員說：「為了全面、徹底弄清你的問題，我們給你找了個地方……」這就是說，關押他是一無手續、二無期限，看不到盡頭，真的很殘酷。而更難熬的則是每一天，除了吃飯，睡覺，便是終日枯坐。唯一難得的「樂事」，就是閱讀遞進來的《解放日報》。細細地看，慢慢地看，從頭版頭行讀到末版末行，還捨不得看完，社論則反覆讀。看完一張報，足足耗上三小時。

看完了，趙丹覺得對報紙利用得不夠，於是別出心裁：把報紙四周的白邊撕下，撕成一片、一片的紙條。有了這些小紙條，也就有了寫字的衝動，隨即在上面寫幾句話，再說，也不用上繳。趙丹開始自得其樂地寫小紙條啦！什麼「丟掉幻想，你出不去了」、「你呀，不要著急，很快可以出去了」、「你還有希望」、「你還有什麼希望呢？」等等。寫著，寫著，他童心大發，像孩子作遊戲，把小紙條揉成小紙團，雙手捧起，拋向空中，自由落下，再隨意抓它一個，展開來讀……對這樣一個舉動，後來有很多分析，說得挺深沉，挺有內涵。但依我看就是遊戲，玩唄，目的就是打發時間。我在四川省公安廳看守所關押期間，就把好端端的一雙白線手套拆了，織成一塊條狀物，變有用為無用。為什麼？就是為了消耗時間。今天，明天，後天，日子就像磨盤一圈接一圈地轉動，每一分鐘都是煎熬。

搞政治的人，才懂什麼是政治；進了監獄，才知道啥叫坐牢。獄中最忌諱的就是寫小字條，傳小字條。趙丹在一九六八年八月二十六日的思想匯報裡，承認自己寫小字條：

前幾天，解放軍同志收去了我寫的一張小字條，記得內容是「現在走的這條不請求的路，顯然出去的時間，要拖延些，而只有請求才得快出去，但一定要堅持下去，否則反反覆覆，來來回回，就是絕路了」云云。

為啥要寫？趙丹說自己是在鑽牛角尖，是「惡習」所致：

這個「小紙片」真是害苦了我了！由於它惹出許多誤會來，惹出多大的禍事來呀！真是說來心都要碎了。可就是為什麼改不掉呢？真是屢教不改呀，前一大陣子，我已改掉，再也不寫了。可一搬到三樓來，一個人住，更由於一下子認識不清形勢和處境，一焦急則又重犯了。這是由於我是思想上認為，我一個人住，寫寫小紙片，自己和自己做思想工作，這又何妨。組織上總不會懷疑我在和別人交談呀！

他還說，這是「缺乏毅力的意志的脆弱的階級性格，這是重犯的根源，我對此也沒有任何話好說」（一九七〇年一月二十二日）。

「惹出多大的禍事來呀！」、「心都要碎了」。顯然，寫字條給趙丹惹出禍事。所謂「禍事」，也許是挨揍，也許是提審，也許是批鬥，有可能聲稱對他會加重懲處，更有可能是藉此查抄監舍所有人犯的床位，而這是要引起眾怒和報復的。你幹什麼就自己幹，別連累別人——此乃坐牢之首要潛規則；你犯了，就是犯了大忌。對此，趙丹完全不在行！獄中苟活求存，很多人沒有死於狂風暴雨，而是死於日常瑣細。

不求珠玉，但求米粟。犯人時時處在食物短缺的飢渴之中，最想吃的是肉和糖。我獄中十年，夜裡做夢幾乎都與吃有關，寫給母親每一封信的末尾都是要吃的！首先是要糖果，沒有糖果，白糖也行。犯人星期天休息，用白糖沖一杯糖水，喝上一口，甜香充溢於口腔，再沿食管順流而下，那才叫高級享受。其次是要豬油，一般是玻璃罐裝，這種包裝現在好像已經絕跡。犯人肚子裡實在沒有油水。母親寄來的豬油，令所有的獄友羨慕不已。每隔幾天，我就用小勺挖一點點豬油攪拌到菜裡。豬油攪拌過的菜頓時成了大菜，特別香！我總是有意延長咀嚼的時間，捨不得嚥下。出獄後回到北京，我曾在一盤素燒圓白菜裡拌上一勺豬油。夾一筷子送進嘴，咋這麼難吃？

趙丹也不例外，想吃糖果。託工作人員給他買水果糖，水果糖沒買到，買了白糖，剩下兩枚一分錢鎳幣。一九六八年十二月十三日在搜查房間的時候，發現了兩枚鎳幣。看守馬上審問：錢從哪裡來？兩分錢也是事兒。趙丹寫了匯報：

這二枚一分錢的鎳幣的來處，我記不確切了……記得當時我因天冷，要求過此地工作人員代購些水果糖，好增加熱量，此時工作人員還不肯呢，而改作只找糖。由於我個人在生活小事上，素來馬馬虎虎，所以就留下這二枚一分的鎳幣了。這說明我在思想上並未認真重視，其根源還在我的反動階級的自由主義的緣故。

看押期間的趙丹沒出什麼大事，惹出的小事倒是不少，挨罵挨整寫檢查。他一邊接受懲處，一邊頌揚監獄。監獄裡這樣的犯人不少，隱忍又卑賤。

趙丹是這樣「頌揚」的——

首先拿物質條件來比，我是坐過新疆監獄的人。新疆是土房土炕，一年才洗一回澡，中秋，春節才吃一次大米飯，一身棉襖穿過五年（關押了五年），蝨子、跳蚤、臭蟲生滿身，沒報看，沒書看……夠了，不多講了，和我們這兒比，真是人間地獄之別，二十五元的飯錢，連一般農民也吃不到這樣的伙食，還為我們創造了學習的多種條件，一點也不誇大，真是一座學校呀！而更主要的是我們的一切革命措施手段，都只是貫穿著兩個字「挽救」。（一九七〇年一月二十二日）

他把監獄比作學校，何苦！為啥？當個人權益屢屢受到剝奪和侵犯，仍有人選擇自我傷害或相互傷害來討好統治者，這是以求自保嗎？我找不到答案。活在這個天地，真的有一種奇異感！

四

一九七〇年全年，趙丹寫了三十五份匯報材料，也就是每個月三份，平均十天一份。一月四日，他交上了第一份。

迎來了七十年代，但這並未給趙丹帶來喜悅，相反給了他一個很大的刺激：有一批人

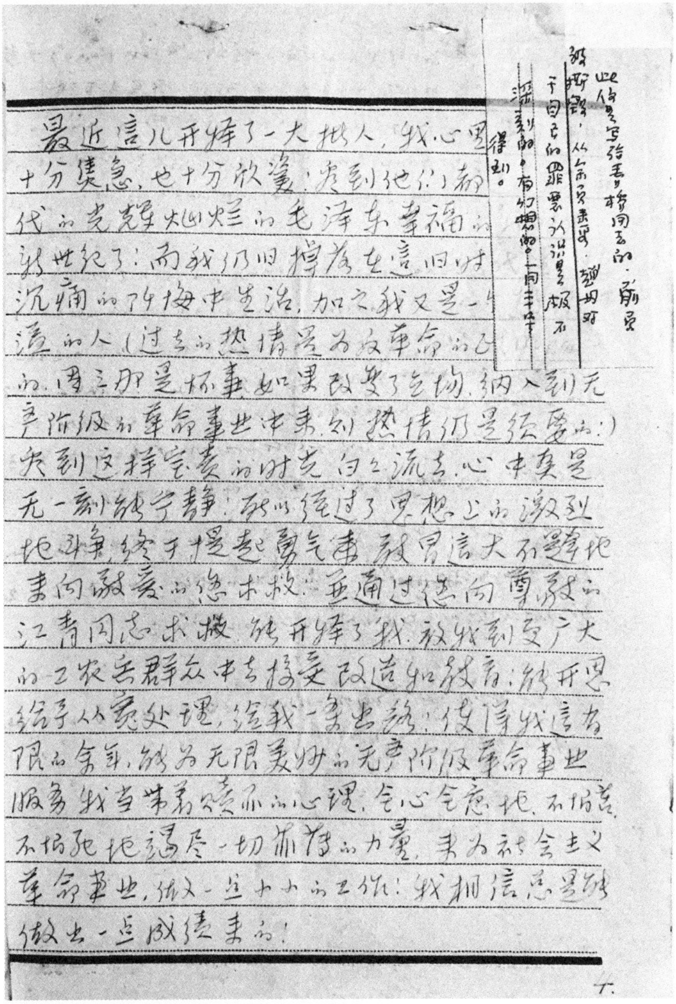

此信是写给张春桥同志的。前页
致歉辞，从字里表明，赵丹对
于自己的罪恶认识是极不
深刻的。有幻想的。一向丰……
得到。

最近這儿开释了一大批人，我心里
十分焦急，也十分欣羡：看到他们都……
代的光辉灿烂的毛泽东幸福的
新世纪了；而我仍旧掉落在这旧时
沉痛的忏悔中生活，加之我又是一个
這的人（过去的热情是为反革命的……
的，因之那是坏事，如果改变了立场，纳入到无
产阶级的革命事业中来，则热情仍是需要的：）
看到这样宝贵的时光白白流去，心中真是
无一刻能宁静；所以经过了思想上的激烈
地斗争，终于提起勇气来，放胆這大不韪地
来向敬爱的您求救，并通过您向尊敬的
江青同志求救，能开释了我，放我到更广大
的工农兵群众中去接受改造和教育；能开恩
给予从宽处理，给我一条出路；使得我这有
限的余年，能为无限美好的无产阶级革命事业
服务。我当带着赎罪的心理，全心全意地，不怕苦，
不怕死地竭尽一切所有的力量，来为社会主义
革命事业，做一点小小的工作！我相信总是能
做出一点成绩来的！

7.

寫給張春橋的信，1970 年 1 月 4 日。（夾簽為黃宗英所附）

放走了！趙丹很著急，決定給張春橋再次寫信求情並呼救，同時，也向江青呼救。這個寫於一月四日的求救信，前三頁被撕毀，我看到的從第四頁開始——

最近這兒開釋了一大批人，我心裡十分惶慌，十分焦急，也十分欣羡，看到他們都走上了七十年代的光輝燦爛的毛澤東幸福的新時代。新世紀了，而我仍然掉落在這個舊時代裡，每日在沉痛的懺悔中生活，加之我又是個熱情洋溢的人（過去的熱情是為反革命的政治服務的），因之那是壞事。如果改變了立場，納入到無產階級的革命事業中來，則熱情仍是須要的！看到這樣寶貴的時光，白白流去，心中真是無一刻能寧靜，所以經過了思想上的激烈地鬥爭，終於提起勇氣，敢冒這大不韙地向敬愛的您求救！並通過您向尊敬的江青同志求救！能開釋了我，放我到更廣大的工農兵群眾中去接受改造和教育，能開恩給予從寬處理，給我一條出路！使得我這有限的餘年，能為無限美妙的無產階級革命事業服務。我當帶著贖罪的心理，全心全意地，不怕苦，不怕死地竭盡一切菲薄的力量，來為社會主義革命事業做一點小小的工作，我相信總是能做出一點成績來！

我特別要對您說的是，我決不會由於無產階級給予我的這一恩澤而翹尾巴，決不！尊敬的春橋同志！（請恕我如此地稱呼）這一點單請予以信賴吧！我只有更加珍貴這得來不易的自由和新生的恩澤，只有格外地謙虛謹慎，戒驕戒躁夾著尾巴做人，繼續嚴格地要求自己的，我知疼了，知疼了！我一生哪兒經過如此深刻的教訓呀！只要放我出去，心理狀態一正常，我相信我會有一個飛躍猛進的！不敢自吹能超過這一批解放出去的人，至少也能趕上他們的覺悟的……

您的工作很忙，囉嗦了這一大篇，有不妥當或者錯誤的地方，請批判，指正！

罪人趙丹敬上 七〇・一・四日

趙丹保證今後「不會翹尾巴」，保證「只要心理狀態一正常」，「我會有一個飛躍猛進」，保證今後「總是能做出一點成績來」。——信寫得自信，懇切，實在，熱情，匯集了各種積極情緒。我在獄中每逢年末，也是按要求上繳一份年終總結。總結的末尾無非就是做出保證，要「規規矩矩做事，老老實實做人」，爭取出獄後成為一個「守法公民」。我哪兒敢撒嬌似地說「我知疼了，知疼了」！更甭提「我相信我會有一個飛躍猛進的」！人跟人就是不一樣，趙丹就是不一樣。

過了十二天（一月十六日），他呈上一份上萬字的交代材料，說：這是自己學習《北京二七機車車輛廠認真學習落實黨的敵對政策》、《敦促杜聿明等投降書》、《論政策》

等「偉大文獻」之後的「活思想」匯報。趙丹對自己的罪行總結了三條——

其實我是一點也不複雜，就是那麼三條大杠杠，（1）可恥的叛徒；（2）偽國民黨員；（3）黑線黑幫分子。僅僅是由於我的反動的階級立場和涉及思想方法上的形而上學，主觀唯心等原因，才把自己弄得如此複雜不堪了。

這篇萬字文充滿自責與諸多解釋：說自己膽小恐懼又自作聰明；說自己對一些不大的事情或者想隱瞞過去，或者說是記不起來；說這給自己帶來許多的麻煩，起碼是要寫許多交代說清楚，還很有可能說都說不清楚。

比如，他說自己把偽黨證燒了，明明是沒燒，不費功夫就能找到。可又幹嘛要說燒了呢？「這不是自己跟自己開玩笑嗎？」

比如，一九三八年參加「抗敵戲劇家協會」，還有在新疆加入國民黨填寫的「申請書」、「宣誓書」等。自己都忘了，人家不費力地翻了出來。

比如，新疆出獄的日期，居然也忘了。

比如，關於「陷害杜重遠也誣害了自己的事」，有關供詞「一九四三年就被偽法官燒掉了的，可是我又坦坦然然地一點點交代了……」鬧得趙丹自己都搞不懂。

以上表現，讓人覺得趙丹交代問題不老實。他也感到十分委屈，說：

我的罪行交代得不好，不痛快，主要有以下三個方面的原因造成。一，當時對這件事沒經心，所以事後忘得乾乾淨淨了。二，有的事一直以為不是自己的罪行，如新疆的事。三，有的事，其性質並不嚴重，錯以為嚴重。

看到這裡，不由得你不笑，他的腦子可真算得是一盆漿糊、漿糊一盆。之所以有這三方面的原因，趙丹是把它們歸納為：「我這個資產階級知識分子的愚昧無知和反動階級本性，其中有很大因素是性格上的矛盾性弱點所造成的。」所謂「性格上的矛盾性弱點」，趙丹做了如下解釋：

1. 出身就是嬌生慣養，小時多病，很可能發燒得多了，燒傷了神經系統了，發育並不完全，智力也不完全。

2. 所受資產階級教育，教養，就是一套手腦分離，大腦小腦分歧的教育方法，從小算術就壞，到現在三位的加法，就得用筆算才算得出。在家依靠父母，出外依靠朋友，從來不管生活、經濟方面的事，連上街買一雙襪子都認為那麼庸俗的事，連家中的門牌號碼都全忘了的。有時連家中電話號碼都記錯了。

3.由於以上兩個原因，所以我決定幹戲劇、電影這一輕取巧奪、少勞多獲的職業，由於自己的世界觀，文藝觀，創作方法皆是資產階級形而上學的，所以只憑自己的主觀的「靈感」從事創作的，所以久而久之，此種職業性，則更越發展了所謂的感受，感覺的機能，遇事從不深入仔細識辨其客觀實際如何？一句話，叫小腦發達，大腦贏弱。實際上是個在智力上佝僂變形的侏儒式的無能之輩。

4.入社會即跟上了黑線，沒有真正什麼接受政治教育，連一些起碼的政治常識都不具備，只憑自己的一時感情衝動來決定自己的行為，思想方法當然是主觀片面，好鑽牛角尖，一生盡在牛角尖裡鑽來鑽去，由一個極端走上另一個極端，如最近有「申謝書」事件（按：原文如此）引起的由過去的過分自信自己的記憶力，而一變為對自己完全失去自信是虛無主義者了。「虛心」、「兼聽」，完全對，但由「虛心」發展到「心虛」，就是將事情弄亂，弄壞了。這完全是神經過分緊張，發神經病，出幾個難題考自己，這完全是無中生有，在自己開自己的玩笑！讀報也不聯繫實際，不辨認一下形勢，不看看這正是一個什麼時機，而就信口開河，胡說一氣，因此組織上當然懷疑起我心裡還有更大的罪行隱瞞著沒有交代呢！即所謂的「心裡有鬼才心虛」、「此地無銀三百兩」，連自己都不信賴自己，那叫組織上如何信賴你……

組織上對我又採取了進一步的措施（按：指把趙丹從二樓搬到三樓，且一人獨住），我心裡當然是緊張萬分！焦急萬分！開始一陣亂想，胡猜亂想，老實說，心裡也感到很委屈！我認為如果我確實還有什麼比我現在所交代的更為重大的罪行隱瞞著，那活該！那猶可！我自己幹的事難道不明白嗎？

多麼自覺，誠懇，主動，且反覆地檢查交代，可為什麼得不到「開釋」？真的感到委屈，趙丹帶著難得的惱怒終於喊了出來：

總之，你們為我的事情沒有必要再拖延下去了，實在沒有理由，沒有必要拖下去了。現在再叫我交代，我實在交代不出什麼來！

除了在文字上做些功夫，再就是上綱上線，此外實在沒有什麼比我現在所交代的更為重大罪行好交代的了！迫切的等待著解放！

已在押兩年的趙丹哪裡知道，自己還要等上數年。

沒幾天（一月二十二日）消息傳來：開釋張瑞芳！

專案組告訴我說，張瑞芳已開釋了。回來我想，這也許是假的，騙我的，因為我的看法是，她過去是個黨員，社會關係那樣複雜，單是查組織路線，這就夠麻煩的了，因為牽扯面很廣。我的事，如此簡單明瞭。都要一查再查，現在還要再查，那她是如此方便嗎？同時她也是個極端的個人主義者，她反動的政治立場上比我還老練得多，就這麼容易的在我之前開釋嗎？所以隨手寫了一張字條在抓住看，這張字條上寫的是：「張瑞芳開釋是假的，是騙我的。其實她大概就在這兒那頭一間號子裡或二樓呢？要處理也是和我一起處理的呢？」

我已經出現過這樣的活思想：把我們幾個人，放在後面處理，這是運動的需要和部署，因之不要急，不請求，也不必扯些小事了，只有安心地等待著處理，專心地學習，不要怕，不要多疑，怕和疑是壞事和根本。其實，白楊、瞿白音、張瑞芳等等，皆未出去，急也無用。

人生無常，非人力所能左右，所以總是要準備接受命運突然來的打擊。而張瑞芳的開釋，就是對趙丹的突然打擊。他覺得自己比張瑞芳進步多了，咋「就這麼容易的在我之前開釋」？俗話說：人比人，氣死人。趙丹嘴上說「急也無用」，心裡是真的著急。看來只有自我欺騙，咬定「張瑞芳等人皆未出去」。人關久了，心也窄了。

二月十八日，在張瑞芳出獄一個月的時間，便又聽說瞿白音、艾明之等人也出去了。聞之，大驚：

這一次給出路，看到連瞿白音、艾明之都出去了，始知道，事實上和我一同進來的人絕大多數都給予不同程度的寬大處理了，唯獨留下了我。這我當然緊張，害怕，焦急，可說是到了頂點啦，飯吃不下，覺也睡不著。

別人都開釋，唯獨留下他。也焦急，也恐懼，所以飯吃不下，覺也睡不著！趙丹按捺不住，又給領導寫信，信沒來得及抄寫，那天查號子，底稿被收去。拿著底稿的監管人員，問：「這有什麼用？」

趙丹說：「那就還給我，讓我毀掉吧。」當然不會退還給他。

有人獲釋，在押人犯應該感到高興。記得我那時在監獄和勞改農場服刑，只要有人走出牢門，我們都為她高興。當我在一九七八年離開四川省第四監獄，眾多獄友帶著笑容和羡慕的神情送我到鐵柵欄。她們哭了，我也哭了。趙丹不是，他對張瑞芳的獲釋不解，還有些不平。這在人心狹淺、敵意成性的社會不難理解，但這種心理畢竟與趙丹往日的明亮、大度很有些距離。心中慌亂，欲飛無翼，他不知從何做起！只有再次寫信了，這次不是寫給張春橋或江青，而是寫給自己：不停地嘮叨寫小紙條的錯誤。信的末尾特別說明，今後改正寫小紙條的辦法是：「以後寫在大紙上，或寫在簿子上，大大方方地，不用狠頑（？），不要偷偷摸摸地，我想一個人記錄下自己的一時閃現的思想，又再進一步批判，鬥掉自己的錯誤的思想。」

人生下來都是「原創」的，長著、長著、長著就成了「贗品」。他太可憐了！寫檢查，寫交代，寫匯報，寫，寫，寫到走火入魔，乃至自貶道：「我實際上是個在智力上佝僂變形的侏儒式的無能之輩。」這話說得有多狠！我理解，很理解：進了牢房，只能用盡一切辦法和招數去抵擋不斷侵襲的絕望和沮喪。因為監獄每天都充塞著死亡的氣息，如烈焰一般吞噬著一切。

極權國家本質上是敵視個人的，能用既是強迫的、又是瑣碎的方法，把你摧殘成一個順從邪惡的人。

五

時間來到了五月二十三日，這是毛澤東《在延安文藝座談會上的講話》發表的日子。趙丹在五月二十九日寫了一份很長的思想匯報，他說自己的根本性問題，就是對工農兵沒有感情。

他嚴肅地闡釋感情問題，竟以柯慶施為例。這裡，我要先說說柯慶施。無論在毛澤東眼裡，還是在中共高層，柯慶施都是重量級的人物：中共政治局委員，中共華東局第一書記，中共上海市委第一書記，南京軍區政治委員，國務院副總理。人剛過五十，就被尊為柯老，毛澤東也稱他為柯老。若問柯慶施的特點是啥？兩條。一，緊跟毛；二，下手狠。比如反右運動後期，上海許多知識分子被打成右派（如王造時、沈志遠、傅雷、徐鑄成、陳仁炳、彭文應、石揮等）。「在市委書記處討論巴金時，柯慶施提出要把巴金打成右派，說他不僅是老牌無政府主義者，而且他在《解放日報》寫的雜文（指〈有啥吃啥〉）有發洩對黨對社會主義不滿的情緒，陳丕顯表示可打可不打，石西民則堅決不同意把巴金打成右派，說巴金在廣大青年中影響很大，抗美援朝表現很好，不應該把他劃進去，柯後來才作罷。」（注一）又如，「大躍進」時毛澤東號召大煉鋼鐵，叫各地搞「小高爐」。柯慶施為響應毛澤東全民大煉鋼鐵的號召，在市區也要搞小鍋爐煉鋼。要市委機關帶頭，在機關大院空地修建一個土高爐。沒有鐵怎麼辦？「柯說城裡到處都有鐵門，不是現成的鐵呀？每戶人家廢銅爛鐵也不少呀，於是大家紛紛把鐵鍋交上，鐵門、鐵窗也強行拆下來煉鋼，出現了高樓大廈旁冒黑煙，小弄堂煉廢鐵的怪現象。」（注二）對此，長期住在上海的趙丹不可能一點不知道柯慶施的這些做派，就像當年北京人不可能不知道彭真一樣。可就是這麼個魔鬼式人物，趙丹寫下的文字每每都是以「永遠值得紀念」的形象出現的。他說——

總是時時出現對尊敬的永遠值得紀念的柯老（柯慶施）生前的一些事蹟來。那是六十年春天，上海是技術革命運動熱火朝天一個接一個技術尖端、奇蹟湧現出來！一天，我正在攝影場，在搞從自我出發的創造。忽然吳倩來說：「柯老叫你去聽電話。」我想：「他老人家這麼百忙之中，怎麼忽然會想到我來？」我匆匆忙忙拿起電話筒，柯老劈頭第一句就是：「你們怎麼還能在攝影棚待得下去？外邊熱火朝天大鬧技術革命。這些先進事蹟，你們不來聽聽，不來了解，能搞出什麼東西來啊。」我放下電話，急匆匆地帶一批人趕到柯老所在的廠中，一進門就看到柯老，像個小學生那樣地、謙虛地專心致志地聽著工人同志們的講解，柯老興奮得臉色通紅，邊聽著邊走到機器的兩邊看看，又走到機器的這邊摸摸，不懂的就仔細地問個明白，感情是那樣的深度，純樸，真摯，柯老聽完工人同志們的介紹，他又回過來再從頭，把這一創造的始末、過程及工人同志們的思想和感情，親自複述一遍給我們聽。就像個老爸爸似的講解給我們聽，讓我們能共同領會他的向工人階級所學到的東西，讓我們分享著他的那種高度的無產階級自豪感，和最大的喜悅！我當時激動得幾乎流下眼淚。

接著，他寫了關於柯慶施的另一件事：

我又總是記憶起柯老另一件事，在偉大領袖毛主席來上海視察工作時，柯老把我們叫去，告訴了我們一件事，說他昨天陪毛主席到工廠去視察，工廠裡的工人同志們事先一點不知道，有一個老工人忽然發現了毛主席來到他們的身邊，毛主席就在他們身邊，禁不住地舉起兩手高呼「毛主席萬歲」，這時別的工人也發現，一下子，所有的工人同志們都圍攏來，一個個激動的不知怎樣表達他們對偉大領袖毛主席的無上敬愛的感情，含著淚，高呼著毛主席萬歲！呼得不停，柯老說：「我當時被工人同志們的這種高度敬愛毛主席的情感，都感動的幾乎要落下淚來！」我當時清清楚楚地看到，柯老說著這句話時眼睛裡閃爍著感動的淚光，柯老又說：「我這時想，如果趙丹此刻能在旁邊可有多好呀！能把這種場景拍下來，多好呀！能看到工人同志們對偉大領袖毛主席的感情有多好呀！」隨即柯老又問：「趙丹來了嗎？」我當即立起，回答，來了。可是我說了一句多麼愚蠢的話呀，我說：「柯老，你又不帶我去嘛，我怎麼知道？」

這些回憶，常常使我感動的痛哭失聲，痛咎不已……我痛感到，我是怎樣辜負了柯老，辜負了無產階級司令部的領導首長們的對我的挽救和希望啊！就是不聽柯老的話，不聽無產階級司令部的領導首長們的話啊，只聽四條漢子的黑話，乃至今日，才墮落到如此的地步！我是咎由自取，罪有應得啊！

形容柯慶施，說他「像個老爸爸似的」；回憶柯慶施，說自己能「痛哭失聲」……趙丹這樣說，的確有些過分。世間萬事也不是什麼都可以被原諒，人們會記住的。一九四九年後的中國大陸，政治思想在意識形態領域起著決定性的作用。這個作用強大到覆蓋全社會，同時又細微到通向每個人的內心。你做什麼？你想什麼？你愛誰？你恨誰？你生命中什麼最重要？什麼要牢記？什麼可以忽略？等等一系列問題的思考與抉擇，都由政治思想操控。中共在這方面沒有任何遮掩，明擺著讓所有人（從工農到知識分子）心甘情願地順從它、接受它：無條件熱愛毛澤東，一輩子跟共產黨走。這也就是「洗腦」了。到了「文革」，國人對中共、對中共領導人的熱愛到了癲狂程度。材料中描述的柯慶施見到毛澤東和趙丹見到柯慶施，不也正是這個樣子嗎？趙丹會演戲，這裡他沒演戲。

政治在中國是一種疾病。

六

在幾十萬字的檢查匯報材料裡，難得看到趙丹在藝術實踐方面的檢討和思考。一九七〇年的七月二十七日，他寫了一份題為〈歡呼革命現代京劇《紅色娘子軍》的劇本發表〉的思想匯報。這是我所看到的趙丹涉及藝術的唯一材料。材料裡，他講到「繼承」和「借鑑」的問題，中國民族的表演體系問題等等，主題仍然是自我批判：

我出生於資產階級，受的是資產階級教養，青年時代過多地讀了些西歐十八、十九世紀文藝復興時期及批判的現實主義的作品，學的又是中國山水畫，較系統地受到封建主義文人畫的毒素，滿腦子塞的是人道主義、人性論、個性解放以及小資產階級空想的共產主義的政治思想（實質即是無政府主義的思想），走的是一條個人奮鬥的道路。

幹電影為的是出風頭。參加左翼劇聯組織也是為的出風頭，沽進步之名，釣革命之譽。一入社會一腳踏上了四條漢子的黑賊船了，受的是王明、劉少奇的左右傾機會主義政治路線的教養，天天喊著「大眾化」，為宗派、小集團，其實還是為個人名利在角力，個人主義世界觀，非但沒有得到改造，只會有增無已！

幹電影一味地學美帝的電影名（明）星們的表演，甚至在平時生活中，一舉一動都要模仿，美帝明星的所謂「味兒」、「風度」，演話劇，動輒「莎士比亞」、「易卜生」、「莫里哀」、「奥斯特洛夫斯基」或者是「果戈理」的作品，眼睛裡簡直看不起中國的作家作品。生活在這半封建、半殖民地的特別是殖民化了的十里洋場的所謂「冒險家的樂園」的上海，耳濡目染的盡是「洋」字。政治上是反帝反封建的，文化上，生活上確實崇洋（崇蘇聯，崇美帝），軟刀子割頭，早就在靈魂深處已熏得黑漆一片了。實在早就養成了一副半封建、半殖民地的奴性和媚骨了。

這樣寫自己的從影目的，且自貶到「一入社會就踏上賊船」，靈魂深處「黑漆一片」，早就養成「一副半封建、半殖民地的奴性和媚骨」……看到這裡，為他痛心。顯然，關押中的趙丹已是無比焦慮和憂慮，認為只有自我污化，才可能「出去」——

最近，我焦急和憂慮的是，這樣扯下去，要扯到哪一天？——全心全意地向黨向人民請罪，服罪，已盡到最大限度的努力，交代自己的罪行，也就是盡到為人的職責了。我相信組織上總是會給予寬恕和原諒的，總之會按政策給予出路的，因為「隔離審查」總有個限度的，有個段落的，所謂的徹底，也總是相較、相對而言的！決不會是「無底」和「絕對」的！更要禁得住考驗！要接受錘煉。脆弱的階級性格和情感，原是要在階級鬥爭的大風大浪中接受鍛煉改造，才能變得堅強、堅實起來的。

十月下旬，監獄給趙丹發了張履歷表。借此他又做起了文章：

感謝組織上，又命令我再寫一次履歷表。我專心一意地做好這一項工作，摒除一切雜念，情緒比較平靜下來。我體味到組織用這種辦法：一方面再次給予我機會，如果心裡還有什麼包袱沒放乾淨上的話，那就趕緊地放一放前進。另方面，轉移我胡思亂想的只一心想早些出去，想家，想孩子，想愛人的心情，使我能專注到交代問題上了。這樣偉大的黨，一貫地本著「懲前毖後、治病救人」的精神，「誨人不倦」、「苦口婆心」的精神，總之盡可能的在挽救人，給予出路，我怎麼能不感激涕零啊！！！敬祝我們偉大導師、偉大領袖毛主席萬壽無疆！萬壽無疆！！萬壽無疆！！！

一九七〇年十月二十八日，趙丹

填個表，也能想到這是偉大的黨在挽救人，於是感激涕零，三呼萬歲。人被長時間關押是要生出恨意的！不過分地說，人只要平白無故地進去三年五載，個個心頭都有恨。偏偏趙丹屬於例外（或許是把恨意掩藏得很深）——從清晨睜開眼睛，知道自己活著，便覺得每一分鐘都是恩賜；苟活保命為第一要義，只有徹底低頭和不停地讚美，才有走出監獄的可能。所以要抓住任何的機會，表達自己的覺悟。

他於一九七二年冬天獲釋，總共關押五年零三個月。

一場「文化大革命」，山崩海立，風起沙行，一切皆可驚可駭。獄內獄外，趙丹都是

出獄後的趙丹和黃宗英，1974 年。（圖片自百度）

親經親歷，當有切膚之痛。情況恰恰相反：出獄後的趙丹對中共依然懷抱忠誠，對革命依然滿腔熱情，且一心一意地投入社會主義文藝事業。他是來真的，不是在做戲。所有頭銜都回來了，一切待遇都恢復了，各種場合都參與了，知名度甚至超過了五、六十年代。我在全國文聯一次聚會中見過他，前呼後擁，談笑風生，和氣，神氣，傲氣，忙得不亦樂乎。後來，又見各種傳媒刊出他的書法繪畫作品以及回憶錄等，唯獨沒有他拍電影的報導。而電影才是他的本色、本分！當電影界人士在反思和質疑無產階級革命文藝方向及方針的時候，趙丹則多次向上級領導表示希望能給他機會，以求塑造出無產階級的「高大上」形象，如周恩來，如魯迅，如

趙丹文章（圖片自百度）

聞一多，若演古人，那也是李白。他檔案裡的許多小本子，裡面大量記錄著聆聽首長和電影界領導人的講話（如周揚、夏衍、陳荒煤等），還有許多自己對塑造高大形象的偉大計畫與諸多設想。沒想到的是——這個願望一再遭遇挫折。

人老了，也看透了。他終於打消了重登銀幕之想，人生不如意，才是天經地義。當一個享有盛名的演員受到閒置和冷落，過著普通生活且以某種形式背負著痛苦的時候，他才有可能「換個看法」，迎來人生大轉折或進入新的歷程。人就是這樣，他就是這樣！臨近生命的終點，趙丹開始懷疑從來不曾懷疑的問題，思維離開了以往的慣性：從藝術轉向政治，從行業問題上升到對制度的思考。

生如寄，死如歸。一九八〇年十月五日，癌症晚期的他接受《中國新聞周刊》記者的採訪，發表了〈管得太具體，文藝沒希望〉的談話。十月八日，即趙丹去世的前兩天，這個採訪全文刊登在《人民日報》第五版，故被稱為「臨終遺言」。

繞千仞絕壁，穿萬丈險崖，所謂勇氣，就是對恐懼的克服。死前才肯說出心裡話，這是趙丹的難能可貴，更是深深的民族悲哀。

凡論一人，總需持平。時間過去幾十年，現在回頭看趙丹，正如臺灣著名電影人焦雄屏女士所言：他的超絕聲譽的獲得，來源於早期電影和臨終遺言，還有中端空白。

北京守愚齋

二〇二〇年冬—二〇二一年春

注釋

注一：馬達，〈我了解的柯慶施〉，《世紀》，二〇一一年第一期。

注二：同上。

新人間 338

往事並不如煙續篇

作者	章詒和
校對	馬文穎
主編	王育涵
資深編輯	張擎
責任企畫	林進韋
封面設計	謝佳穎
內頁設計	LittleWork 編輯設計室
總編輯	胡金倫
董事長	趙政岷
出版者	時報文化出版企業股份有限公司 108019 臺北市和平西路三段 240 號 7 樓 發行專線｜02-2306-6842 讀者服務專線｜0800-231-705｜02-2304-7103 讀者服務傳真｜02-2302-7844 郵撥｜1934-4724 時報文化出版公司 信箱｜10899 臺北華江郵政第 99 信箱
時報悅讀網	www.readingtimes.com.tw
人文科學線臉書	https://www.facebook.com/humanities.science/
法律顧問	理律法律事務所｜陳長文律師、李念祖律師
印刷	勁達印刷有限公司
初版一刷	2022 年 2 月 11 日
定價	新臺幣 320 元

ISBN 978-957-13-9685-9｜Printed in Taiwan

往事並不如煙續篇 / 章詒和著 . -- 初版 . -- 臺北市 : 時報文化出版企業股份有限公司 , 2022.02
232 面；14.8×21 公分（新人間 ; 338）
ISBN 978-957-13-9685-9（平裝）
1. 知識分子 2. 傳記 3. 中國｜782.18｜110018738

時報文化出版公司成立於一九七五年，並於一九九九年股票上櫃公開發行，於二〇〇八年脫離中時集團非屬旺中，以「尊重智慧與創意的文化事業」為信念。